Yo tengo el poder
de transformar
mi vida

Yo tengo el poder de transformar *mi vida*

Araceli Olmos

ola
PUBLISHING
INTERNACIONAL

ꕥola
PUBLISHING
INTERNACIONAL

Hola Publishing Internacional
Eugenio Sue 79, int. 4, Col. Polanco
Miguel Hidalgo, C.P. 11550
Ciudad de México, México

Primera edición, enero 2025
ISBN: 978-1-63765-738-6

Hola Publishing Internacional es una editorial híbrida comprometida a ayudar a autores de todo tipo a alcanzar sus metas de publicación, ofreciendo una amplia variedad de servicios. No publicamos contenido que sea política, religiosa o socialmente irrespetuoso, ni material sexualmente explícito. Si estás interesado en publicar un libro, visita www.holapublishing.com para más detalles.

Índice

Noviazgo   9

Familia   15

Matrimonio   20

Calvario   25

Trabajo   30

Enfermedad   33

Emprendimiento   38

Denuncia   44

Metafísica   52

Desde cero   60

Amor   67

Hijos   72

Maestría   79

Legado   83

Experiencias   89

Corazón   100

Presente   102

Acerca de Araceli Olmos   107

Noviazgo

Era el año 1994 y yo tenía catorce años. Fue entonces cuando conocí a un joven de diecisiete que me agradó como amistad. Poco a poco, conforme pasaron los meses, me emocioné porque él comenzaba a gustarme para un noviazgo. Yo todavía era inmadura y me ilusioné con la posibilidad de tener un novio. Una tarde me pidió que fuera su novia, y acepté.

Al principio todo era bonito y pensé que siempre sería así. Pasaron los días y luego los meses y algo me alertaba de que él era una persona violenta. Primero con sus palabras, luego con sus actitudes, y yo me consolé repitiéndome que esa era una situación ajena a mí.

Una noche estábamos platicando afuera de mi casa cuando llegaron como veinte chicos. Lo atacaron verbalmente y él les devolvió las palabras. Las cosas se empezaron a acalorar. Él me repetía, "Me voy a defender, sólo me voy a defender", pero en realidad él ya tenía problemas con ellos desde antes.

Me asusté muchísimo y me imaginé que pasaría algo muy grave. Él tomó acción y sin pensarse se peleó a golpes con uno, enseguida con otro, hasta que terminó con un tercio mientras los demás observaban. Asustada, me metí a mi casa y desde la ventana vi lo que sucedía, rogando a Dios que no fuera una desgracia.

Mis padres, que también presenciaron el altercado, me dijeron, "¿Ves? Ese chico no te conviene. ¡Mira la situación en la que está! Puede ponerte en peligro".

Yo me dediqué a observar, pues era él quien estaba en peligro y ese era mi único pendiente.

Sus actitudes violentas no se detuvieron y llegó al punto en el que él estaba constantemente en peligro. Pero yo no me percataba y él no me lo decía, aunque algunas personas sí me lo advirtieron. Cuando le expresé las dudas que tenía, él, con mucha seguridad, me pidió que no me pre-ocupara, que todo estaba bien: "Ellos me agreden todo el tiempo, ¡yo solamente me defiendo!" Con mi inmadurez, le creí todo lo que me decía.

Hasta que en una ocasión le caché una mentira.

Me había dicho que ese día no iría a mi casa a visitarme porque tenía una junta en el trabajo. Yo le creí, pero a los días me enteré que más bien había ido a visitar a una chica y estuvo con ella toda la tarde. Inmediatamente le pedí que termináramos y el me juró, me juró y me perjuró que era mentira, que él no había estado con ninguna chica esa tarde. Tuve el valor de mantenerme firme en mi decisión y lo dejé ir. Le pedí que no se acercara a mí, que por favor tomará su distancia, que estaba dolida por la mentira, que ya no lo quería cerca.

Al día siguiente pasó por mi calle montado en un caballo, haciendo mucho ruido por toda la cuadra. Gritaba, "¡Hilda, te amo! Y no me voy a ir de aquí hasta que regreses conmigo!", galopando en el caballo de arriba hacia abajo, de abajo hacia arriba, llamando la atención de los vecinos… ¡que no hacían nada para ayudarme!, más bien querían ver mi reacción, mi vergüenza. Yo estaba estresada y deseaba con todas mis fuerzas que se fuera, pero él estaba bajo los influjos del alcohol y, andando a toda velocidad, el caballo tropezó y cayó encima de él. Se escucharon sus gritos de dolor, su llanto. Hasta que decidí salir a ayudarlo; estaba a media cuadra de mi casa, en medio de la calle, y yo no pude más que empatizar con su dolor y le pedí ayuda a mi papá.

Lo llevamos a la Cruz Verde. Estaba lleno de lesiones y tenía una herida en la cabeza que necesitó puntos. La situación permitió que siguiera pidiéndome perdón, que le diera otra oportunidad, que me juraba que era mentira lo de aquella chica. Y yo, sinceramente, le volví a creer.

Terminé regresando con él y comenzamos de nuevo. Aunque todo siguió siendo lo mismo y al pasar de los días se volvía cada vez más manipulador. Me decía que le gustaba mucho cómo me veía, pero que por favor dejara de vestirme con short, con falda, que era por mi bien y que él no soportaba que los demás me voltearan a ver. Me lo decía porque me amaba, para que yo me diera a respetar y que ningún hombre me mirara, eso fue lo que me dijo. Entonces decidí hacer los cambios que me pedía: me vestí como él quería, comencé a pensar como él quería, a actuar como él quería, a dejar a mis amigos porque a él no le gustaba que tuviera amigos. Y tampoco amigas. Me dijo que el tiempo de nosotros era para nosotros y era mejor así, sin involucraríamos con nadie: para él eso era respetar la relación. Yo creí que era normal y lo acepté.

Pasaron los meses y de repente ya estábamos cumpliendo dos años de relación. Él trataba de ser detallista conmigo, llegaba con regalos, con flores, con ropa, e incluso con joyería de oro. "Todo lo que te digo es por tu bien, y por la misma razón te trato como mereces, por eso te regalo cosas de marca, cosas caras, porque tú no mereces a nadie más que a mí".

Llegué a decirle que a mí no me importaban los regalos (nunca he sido materialista), y que me preocupada que yo no podía regalarle lo mismo, no podía corresponderle de la misma manera, y hasta le pedí que dejara darme cosas porque me hacía sentir incómoda. Me sentía comprometida con él, como si de alguna manera tuviera que pagarle. Pero él no se detuvo y yo traté de corresponderle cuando podía, pues desde los quince empecé a trabajar, y, aunque ganaba muy poco, podía comprar lo que necesitaba y hasta financiarme la prepa abierta. Así que le regalaba lo que estaba al alcance de mis posibilidades, y me hacía chiquita cuando él hablaba de dinero, de poder, de sus planes, que era casi siempre.

Pocas veces tomaba en cuenta lo que yo le contaba, los planes que yo tenía para mí misma. No me escuchaba, me interrumpía; y a mí se me hacía lo más normal, incluso supuse que él no se daba cuenta de que lo hacía, que no era su intención. Y sin embargo algo en él se me hacía irreal, como si una parte de mi lo supiera pero mi conciencia se negara a reconocer que algo estaba pasando. Era manipulador, egoísta, pretencioso; frente a otros aparentaba ser agradable, la mejor persona, le gustaba quedar bien con mi familia y amistades. Algunas veces era coqueto con mis amigas. Y cuando lo confrontaba me decía, "Tú estás mal de la cabeza". Aunque realmente nunca le hice tal cual un reclamo, le decía las cosas con la voz tranquila, baja, y aun así él me aseguraba que yo estaba mal. Yo le creía, repitiéndome que era yo quien veía mal las cosas, que era mi imaginación.

Tenía una forma de decirme las cosas… una forma que me hacía creer que yo siempre estaba equivocada y que, por ende, él siempre tenía la razón. En una ocasión, platicando afuera de mi casa una noche de 1997, me dijo, "Me gustaría casarme contigo".

Yo le respondía que éramos muy chicos para pensar en eso, que yo tenía la intención de seguir estudiando y preparándome para ser alguien en la vida; tener una misión. Él se río. Dijo, "¡Cómo que te falta estudiar y aprender más!, si ya ni estudia, solamente trabajas. Yo podría darte el dinero que ganas por estar trabajando ahí y estarías cómodamente en tu casa".

Para esto yo ya le había contado que tenía planes a futuro para verme realizada y lograr mis metas, pero él respondió que las metas las podía tener con él. "Todo lo que tú quieras lo puedes hacer junto a mí, podemos casarnos y seguir creciendo juntos, eso tenlo por seguro".

Cuando él me decía cosas así, yo les encontraba la lógica y hasta pensaba que tenía toda la razón. Las parejas están para apoyarse, quizá me vaya mejor estando con él.

Familia

Para ese entonces yo estaba dando catequesis de la doctrina en la religión católica. ¡Tenía tres años dentro de este sistema de adoctrinamiento! Siempre creí que haciendo bien las cosas me iría bien, y claro, si creía en una religión, la que me habían inculcado mis padres.

Una de las noches que salíamos a platicar fuera de mi casa, él me tenía abrazada, con la mano en el hombro. Para mi mamá era costumbre vigilarnos, siempre estaba al pendiente de qué hacía yo por la ventana. Mi mamá se asomó y él bajo la mano porque nos dimos cuenta que nos vigilaba. Fue entonces cuando salió enojada, gritando, "¿Por qué te tiene abrazada?" Con el susto, él me toma de la cintura con la otra mano y me pasa de su lado derecho a su izquierdo. Mi madre, con sus desconfianzas, delante de él y de otras parejas en la misma acera, sigue: "Por qué dejas que te abrace, por qué dejas que te tome de la cintura, ¿acaso yo no te he enseñado modales y respeto? Eso no está bien para una señorita, no puedes dejar que él te abrace, para eso esto yo".

Le contesto, "No estoy haciendo nada malo, madre, simplemente me recorrió porque vimos que saliste y sinceramente nos asustamos".

"No me contestes", me dijo ella. "No seas grosera".

Me tomó del pelo y me pegó dos cachetadas delante de la gente. Luego me metió a la casa, y, pues, ya sabrán, sentí una impotencia, una culpa, y a la vez enojo. Me sentía avergonzada con las chicas que estaban afuera porque me habían visto. Lloré por varios días y mi madre me repetía que tenía que darme mi lugar, que tenía que respetarme, que si yo no me daba mi lugar los hombres no me respetarían, cosa que sentía que mi pareja en ese entonces no hacía. Pero los dos, mi pareja y mi mamá, me hablaban de respeto, me lo repetían tanto que terminé por creerles a ambos. Si ellos tenían razón, entonces yo estaba actuando de mala manera.

Mi madre me castigó: no podía verlo en quince días. Sentí una desesperación grande por el castigo, no tanto por no ver a mi pareja sino porque mi madre no confiaba en mí cuando yo, dedicándome a dar catequesis en la religión, buscaba la forma de agradarle siempre, haciéndole ver que era una niña buena, una hija buena, como ella siempre me lo decía: "Tienes que ser una buena mujer. Tienes que ser una buena hija. Tienes que ser una buena niña". Lo escuchaba de mi pareja y lo escuchaba de mi mamá y yo estaba comprometida con no decepcionarlos. Tenía que hacer lo que ellos me decían para ser aceptada no sólo por ellos, sino incluso en la religión.

Siendo catequista, llegaron a invitarme a los viacrucis que se festejan en la Cuaresma. Para hacer presencia en los viacrucis tienes que realmente ser virgen, "una buena mujer", como me decían todos a mi alrededor. Me pregunté entonces qué estaría haciendo mal, por qué constantemente me decían lo mismo. Mi madre me comparaba con gente que conocíamos, "¿Por qué no te portas como Zutana o Perengana o Mengana? ¿Por qué no puedes hacer las cosas como te las pido?"

Mi madre, desde muy pequeña, en su nivel de consciencia, creyó que los golpes eran la forma de educarme. Si no hacía yo bien mi tarea, me golpeaba. Si no comía, me golpeaba. Si no hacía bien mi quehacer, me golpeaba. Esto fue desde mi niñez hasta mi adolescencia y yo le tenía muchísimo miedo; no podía mentirle. No tenía que llamarme dos veces porque a la primer ya estaba ahí. Incluso corría porque si no había un golpe de castigo.

No recuerdo muy bien, pero cuando era niña y mis padres tenían discusiones, en algunas ocasiones llegué a meterme, pidiéndoles que dejaran de pelear, que no me gustaba verlos pelear. Mi papá llegaba tomado a casa, mi mamá se molestaba por esta situación, y yo creía que mi mamá no comprendía a mi papá. Cuando llegaba así, ella le reclamaba y yo sentía que mi mamá era mala, o muy enojona. Obviamente no entendía bien qué pasaba, era tema de adultos, y sin embargo en muchas discusiones mi mamá llegó a decirme, "Por tu culpa tu papá y yo ya nos enojamos. Te voy a castigar".

Luego mi papá le decía a ella, "No la regañes, arréglalo conmigo. Esto no es tema para que la estés regañando y castigando. ¿Por qué siempre tienes que pegarle o regañarla? ¿Qué no puedes ser su amiga? ¿Por qué no puedes tratarla como tu hija? No entiendo por qué la tratas así.

Mi mamá llegó a golpearme con palos de escoba, cables, y seguido me daba cachetadas. Eso me hizo más apegada a mi papá; con él tenía una mejor comunicación y sentía que me entendía más que mi mamá. Con el trato que mi mamá me daba, de verdad que en mi inmadurez sentía que no tenía ganas de estar en esa casa. La presión de mi madre, la presión de mi pareja, la ignorancia y la inmadurez se me estaban juntando. Mi novio me pedía que nos casáramos, "Así te sales de tu casa, ya no vas a tener problemas con tu mamá, vas a hacer lo que tú quieras, vas a seguir estudiando, preparándote, vas a poder salir adelante, lograr tus metas, juntos lo vamos a lograr". Eso me movía mucho los pensamientos Me preguntaba una y otra vez qué era lo conveniente para mí.

Ese día que mi madre me metió de la calle con una cachetada, haciéndome pasar esa pena delante de las personas, de verdad que me dolió muchísimo que no confiara en mí. Hoy me doy cuenta que todo lo que hice fue porque quería demostrarle que era buena hija, que simplemente me aceptara. Con la presión de esta situación y el caos en mi mente, decidí casarme, acepté la propuesta de mi pareja. De verdad trataba de entender a mi madre, pero aunque me daba consejos, a la vez me sentía rechazada por ella. Sinceramente me dolía muchísimo.

Pues seguí con el plan, con un miedo de no saber qué pasaría, si era o no la mejor decisión. ¿Me estaba equivocando? Hasta pensé en retractarme y no casarme, pues lo que buscaba realmente era un escape.

Mi madre me juzgaba de todo, me criticaba, no creía en lo que le decía y siempre me miraba y me decía, "Dime la verdad", y aunque yo le dijera la verdad, ella seguía dudando. Y seguía interrogándome.

Hoy entiendo que ella también tuvo muchas diferencias con su madre y no se sintió amada y comprendida por ella. Recibió lo mismo de su madre que ella me dio a mí. Y no la culpo por, de manera inconsciente, terminar repitiendo los mismos patrones, el mismo aprendizaje y la misma domesticación.

Matrimonio

Elegí el 10 de julio de 1997 para casarme. Justo a las doce de la noche de ese mismo día cumplía la mayoría de edad, 18 años. Mi pareja, ahora mi esposo, me dijo, "Será el mejor regalo de cumpleaños: nuestra boda". Y yo lo vi tal cual, como un regalo. Hubo fiesta. Se reunió la familia.

Unos dos meses antes sucedió algo que volvió a lastimarme. Mi pareja me decía constantemente, "Este viernes no voy a poder venir porque tengo junta en el trabajo".

Y así, por dos meses, cada viernes era lo mismo.

A la hora de casarme por el civil, me pidieron dos testigos y yo elegí a una de mis mejores amigas, ella me ganaba por unos seis años en edad.

Tiempo antes se había acercado la mamá de mi futuro marido y me había dicho, llorando, "No te cases con él, él es muy grosero conmigo: me trata mal, no me respeta. No te merece, hazme caso. Después no quiero reclamos".

Delante de mí, él le contestó, "Dile cómo me tratas tú a mí. Dile cómo me hablas. Por eso te contesto. Yo no soy grosero solamente porque quiero, es porque tú también me tratas mal".

En esta situación, quise creerle.

El día de la boda civil, la señora se retractó. Me dijo, "No te creas, haz de cuenta que no te dije nada. Él tiene razón, he sido una mala madre y yo también lo he tratado muy mal". Y se fue.

Él, con sus palabras de convencimiento, me dijo, "Ya estamos casados por el civil, no vamos a arruinar la boda, tenemos que estar juntos y hacer de nuestros planes una realidad. No hagas caso de mi madre, ella me ha maltratado mucho y pues de cierta manera por eso yo soy rebelde con ella, pero jamás te trataría mal a ti. Y lo sabes".

La madre de mi pareja, ahora abuela de mis hijos, tiene otra creencia religiosa. Ella es testigo de Jehová y no se presentó en la ceremonia religiosa católica. Pero días antes de casarme por la iglesia, me advirtió: "Hay una chica que seguido va a la casa a esperar a que salga mi hijo. Yo siempre salgo y le digo que no está. Ponte lista, quizás algo no esté bien".

Esto me alertó y nuevamente pensé, "¿qué es lo que estoy haciendo? Aún estoy a tiempo de renunciar a este compromiso". Hablé con él y él me aseguró que era sólo una amiga y que sí, que ella sí lo esperaba pero él no salía porque no le interesaba saludarla. Entonces continuamos con los preparativos de la boda y a unos días me llegó el rumor de que la chica que lo visitaba era mi vecina, mi mejor amiga, mi testigo en la boda civil.

Faltaban cuatro días para casarme por la iglesia cuando la hermana de esta amiga mía fue a buscar a la mamá de mi pareja a su trabajo y le dijo, en tono de burla, "Su hijo podrá casarse, pero a la que ama es a mi hermana. Ellos se burlan de usted y de mi vecina, pero deseo de verdad que no sean felices. No se lo merecen; el amor que él tiene por mi hermana es real".

"Si quisiera tanto a tu hermana, estaría casándose con ella y no con esta otra chica que de manera inocente cree y confía en tu hermana. ¡Qué maldad tan grande la de tu hermana hacerse pasar por su mejor amiga y estarse acostando con su novio! De verdad, qué falta de respeto y de amor se tiene", le contestó la madre.

La hermana se quedó callada.

Dos días antes de casarme, la madre me lo confesó todo. Yo, con lágrimas en los ojos, desesperada, sin saber qué hacer, le dije a mi pareja que no quería casarme con él, que no me interesaba estar con él por tantas mentiras. Él se hincó ante mí y lloró, suplicó, me aseguró que me amaba, que eso no era verdad, que nos estaban poniendo una trampa. "Te llevo con ella", me dijo, "y delante de ella te juro el amor que te tengo para que sepas que es verdad lo que te digo".

Yo ya no quería saber nada.

Me alejé y lloré toda la noche, pensando en las razones por las cuales me casaba si lo que yo realmente quería era estar en mi casa. La pregunta era: ¿dónde estaré mejor, con mi madre o con él? Mientras seguía pensando en decisiones correctas e incorrectas, llegó a mi casa al día siguiente y tocó la puerta. Salí y ahí estaba él... con mi vecina, mi "mejor amiga".

Delante de ella me dijo, "Te juro por mi vida que yo no tengo nada que ver con ella. El amor de mi vida eres tú y contigo es con quien elijo casarme". Volteó a verla y le pidió, "Dile la verdad, muéstrale que tú y yo no somos nada".

Viéndome a los ojos, ella me dijo, "No creas lo que la gente dice. Mi hermana y yo tenemos problemas, quizá lo inventó por hacerme sentir mal. ¡Qué vergüenza haber pasado ese momento delante de tu suegra! Dime, por favor, que estamos bien. Si quieres no me paro en tu boda. Yo respeto mucho tu amistad y deseo que seas muy feliz con el amor de tu vida. Él y yo solamente somos amigos, te lo juro por mi vida."

Salió mi madre al escuchar el drama. Atendiendo lo que mi amiga decía, mi madre intervino: "Creo que él dice la verdad, hija, si no fuera así no hubiera venido aquí a arreglar la situación, creo que puedes continuar con tu boda. No permitas que otras personas arruinen esto que ya tienes en camino. Quizá es la envidia de que ella no se ha casado, que es mamá soltera".

Incliné la cabeza y les dije que no tenía ganas de hablar.

En la casa, conversé con mi madre y por primera vez sentí que estaba empatizando conmigo como mujer. Me dijo, "Desde un principio te dije que ese muchacho no me gustaba para ti y tú te aferraste a él. Pero hoy veo que está haciendo las cosas bien. Quizás me equivoqué, no lo sé, pero no dejes que las personas arruinen lo que tú ya tienes planeado Quiero que seas feliz, y de mi parte yo te sigo apoyando".

Esa noche no dormí, pensé tanto que terminé con un dolor de cabeza: estaba a nada de casarme.

Al día siguiente él volvió a mi casa por la tarde. Estuvimos hablando como cuatro horas, él siempre buscando la forma de convencerme. Me decía que si él no me amara no hubiera venido a pedirme perdón delante de ella, que por favor dejáramos esta situación en el olvido y que continuáramos con el proceso, que ya estaba todo ahí y que Dios nos iba a bendecir porque estábamos haciendo las cosas bien, que confiara en él.

Mi cabeza estaba vuelta loca. No sabía qué hacer y la verdad es que comenzaba a tener miedo por la presión de sentir que estaba todo allí, en puerta.

Así que decidí continuar con todo.

Calvario

Quería creer que él estaba diciendo la verdad, pues eran tales sus palabras para convencerme que yo siempre terminaba de su lado.

Me casé el 10 de julio de 1997. Me llevó a vivir a su casa y nunca tuve viaje de luna de miel. Cuando pidió mi mano les dijo a mis padres que tenía un terreno que ya estaba por terminar de pagar y que pronto lo fincaría para hacer de él un hogar para nosotros, cosa que nunca sucedió.

Haciendo el aseo de la casa de sus padres (ahí es a donde me llevó), moví un librero para sacudir el polvo y encontré unas cartas: <Este viernes te veo, mi amor. Te extrañé mucho. Espero de verdad que pronto dejes a Hilda y regreses conmigo, que seas para mí…>, entre otras cosas que comprometían a mi esposo con mi mejor amiga. Ese día lloré, reí y me dije, "qué tonta soy". Esto era real.

Cuando llegó, le reclamé.

De nuevo me mintió; que esas cartas no eran suyas. Pero yo ya había abierto los ojos: todo era una mentira.

Fue entonces cuando empezó mi calvario. Si en algún momento sentí aunque sea un poco de amor hacia esta persona, dejé de sentirlo por completo. Para esto empezó a haber violencia, ese mismo día me sometió, repitiéndome, "Ya eres mi esposa, ya no te puedes ir de esta casa, no puedes regresar con tus padres porque tú y yo tenemos un compromiso".

Con el paso de los días empecé a sentirme cada vez más intranquila. No quería estar con él, pero no sabía cómo regresar a casa, decirles a mis papás que me había equivocado y quería regresar. No tenía cara para confesarles lo que estaba pasando.

En el transcurso de esos meses me embaracé de mi primer hijo.

Sentí una ilusión tremenda por la vida de mi bebé. Ahora esa era mi responsabilidad, mi compromiso: era lo más hermoso que me había pasado. Atrapada en las situaciones de los últimos meses, sentí que él venía a llenar ese vacío que me había causado la soledad.

Entre mi pareja y yo no había cariño e incluso era irrespetuoso en la calle, mirando a otras mujeres delante de mí. Me comparaba con ellas, las gritaba piropos. Me sentía sola y no sabía con quién hablarlo. ¿Era recomendable decirles a mis padres?, ¿lastimarlos por las decisiones que yo había tomado? Mi vida empeoraba cada vez más.

En una ocasión estaba terminado de hacer la comida cuando él llegó y me pidió que "lo atendiera" (esas fueron su palabras). Serví el plato y lo acerque a él para enseguida ir a preparar lo que faltaba. Me grita, "¡Qué te pasa! Esto está demasiado caliente, trágatelo tu", y me arroja el plato a los pies.

Le tenía miedo. Yo sólo quería estar tranquila y segura.

A los meses nació mi hijo, sano, y yo me sentía bendecida de tenerlo en brazos. Le tenía un amor inmenso.

Como era madre inexperta, regresé a casa a mis padres en mis cuarenta días de parto para que mi mamá me ayudara con esta experiencia nueva. Estaba aterrada porque no sabía qué era lo que tenía que hacer con este pequeño, pero mis padres me dieron todo el apoyo y cobijo que necesitaba.

En una ocasión, cuando mi niño tenía apenas veinticinco días de nacido, empezó a llorar muchísimo. En mi desesperación, le pedí a mi madre que me acompañara a llevarlo al médico, y aunque yo no tenía los recursos para pagar, fuimos a un doctor particular, no a un pediatra.

El doctor le dio unas gotas porque el niño tenía cólicos. Le di las gotas como correspondía, pero al día siguiente mi hijo comenzó a vomitar y a vomitar y a ponerse morado.

Me asusté muchísimo porque emitía un quejido extraño, y mi madre inmediatamente reaccionó y nos fuimos al hospital. Me dijeron que mi bebé estaba intoxicado por este medicamento y que era muy delicado porque era un recién nacido, que todo estaba en manos de Dios. Me sentí fatal, lloré como no tienen una idea, me hinqué en una banca rogándole a mi padre Dios que me ayudara a salvarlo y a cambio me convertiría en la mejor mamá. Quería una oportunidad para estar más tiempo con mi hijo.

Estuvo internado cuatro días en el hospital, pero sucedió el milagro: todo salió bien. Me permitieron regresar con él a casa y me pidieron que nunca más volviera a llevarlo con un médico particular, que un bebé necesitaba un pediatra.

Pasaron los días y luego los meses y empezaba a haber carencias económicas. El padre de mi hijo, mi esposo, no aportaba lo suficiente, solamente nos llevaba pañales y leche, pero no había construido una economía que sustentara ni siquiera mi alimentación, pues las necesidades eran mayores.

A los tres meses a mi hijo le dio una fuerte gripa. En el hospital me dijeron que era una bronconeumonía que apenas empezaba en el pequeño, pero que no podía yo permitir que avanzara más. En ese entonces mi pareja no tenía seguro y tuvimos que llevar al bebé a un pediatra que para nosotros fue carísimo. Él me aseguró que conseguiría un trabajo en el que le dieran seguro para poder atender mejor a nuestro hijo, cosa que le agradecí.

Le dieron el seguro y por fin pudimos atender a mi pequeño. Estuvo internada con síntomas aproximadamente cuatro días y salió del hospital. Eso me dejó más tranquila, pero entre la inmadurez y la preocupación, me convertí en una madre sobreprotectora. Me excedía cuando de cuidar a mi hijo se trataba, me daba miedo sacarlo a la calle, me daba miedo exponerlo. Y su padre no ayudaba; me decía, "Es tu responsabilidad cuidar bien de ese niño. Si se pone mal a ver qué haces. Tú eres la que se queda en casa, tú eres la que se encarga de él. Si él se enferma, tú vas a ser la culpable".

Tenía mucho miedo de que se volviera a enfermar.

Trabajo

C onforme pasaron los meses, mi hijo fue mejorando,
pero yo sentía que sus necesidades no estaban del
todo cubiertas. Necesitaba ropa, una mejor alimentación…
así que pedí trabajo y se lo informé a mi pareja. Para ese
entonces él había perdido el trabajo que le daba seguro.

Esto causó mucho pleitos: él no quería que yo trabajara, él quería que yo estuviera siempre en casa. Mi hijo
volvió a enfermarse de bronconeumonía, ¡y nosotros sin
seguro! Pedí prestado dinero y lo llevé al pediatra. En
mi desesperación decidí no tomar en cuenta a mi pareja
y buscar trabajo.

Cuando lo encontré, decidí llevar a mi hijo a la guardería. Esto también causó un montón de pleitos. Me dijo
que si yo seguía trabajando me iba a dejar y a mí sinceramente no me importó. Decidí trabajar para que mi hijo
tuviera lo que le hacía falta. La paga en el nuevo trabajo
de mi esposo dependía de si hacía venta o no, y yo trataba de entenderlo, pero también quería hacerle ver que

ere necesario que yo trabajara para mejorar la economía de los tres.

Encontré un trabajo en una empresa que hacía cables para alarmas de grandes marcas de carros. Entraba a las 6:00 am de la mañana y para poder estar a tiempo salía de mi casa a las 4:30 am. Para llegar tenía que correr aproximadamente unas diez calles, y digo correr porque literalmente corría porque me daba mucho miedo salir sola a esas horas de la madrugada, pero tenía que esperar el transporte. Trabajé así durante seis meses y en dos ocasiones el papá de mis hijos, para que yo no me saliera, me encerraba con llave en el cuarto y se retiraba para no tener que pelearme. Por esa razón perdí mi trabajo.

Él creyó que con eso yo iba a dejar de insistir en trabajar, pero no. Mi hijo ya tenía tres años y yo empecé a trabajar en una joyería en un lugar importante en la ciudad de Guadalajara, Jalisco. Una de las hermanas de mi pareja me ayudó a encontrar ese trabajo. Su apoyo fue esencial, pues a esa empresa sólo entraba gente de mucha confianza por eso del manejo de dinero y el oro. La mamá de mi pareja y sus dos hermanas en algunas ocasiones me ayudaron a cuidar a mi hijo para que yo pudiera irme a trabajar, aunque el niño también estaba en una guardería. Aparte de ellas, yo no tenía quién más me apoyara.

En ese entonces mi madre enfermó, tenía algo similar a la esquizofrenia, los médicos dijeron que no había un diagnóstico para lo que le estaba pasando, pero sí había antecedentes de mi abuela y un tío con esos padecimientos mentales. Me afectó mucho porque ya no contaba con mi mamá ni de una ni de otra manera. Mientras mi mamá estaba poco consciente, mi papá también enfermó de diabetes y decayó muchísimo su estado de ánimo. Estuvo hospitalizado.

Mi mamá muchas veces se escapó de la casa y no la encontrábamos, pero poco a poco, con la ayuda de algunos médicos, empezó a estar algo más tranquila, y fue entonces cuando seguí trabajando para sacar los gastos y pagos. Pero el padre de mi hijo no quería aportar nada, peleaba constantemente con su mamá, y a mi muchas veces la señora me dio qué comer, qué vestir, y me apoyó para que yo pudiera seguir generando ingresos y siendo responsable de mi hijo.

Por esos tiempos comencé a sentirme mal, me sentía débil, con mucho sueño, lenta, y el sangrado en mi periodo era muy abundante. Se me caía demasiado el cabello y sentía muchas ganas de llorar todo el tiempo, incluso me daban taquicardias y sentía una presión en la garganta que no me permitía respirar. De verdad era muchísima mi debilidad y no entendía por qué mi garganta empezaba a inflamarse, como una tumoración que sobresalía de la glándula tiroides.

Enfermedad

Un día pedí permiso a las 6:00 de la mañana para irme a hacer estudios y, oh, sorpresa, tenía problemas de hipertiroidismo que me causaron una esclerodermia morfea en una pierna. A cada rato me desmayaba y también me vino una anemia de segundo grado que tardó casi un año en curárseme. Diario tenía sangrados leves, pero constantes, y eso me vino a dar un bajón muy fuerte.

De verdad que ahora no entiendo cómo es que vivía, me la pasaba muy, muy mal y mi pareja seguía con agresiones verbales al grado de llegar a quererme ahorcar. Esto ocurría cuando él bebía, y, sin yo saber, en algún momento llegó a consumir otro tipo de drogas. Llegaba a amenazarme, me ponía un cuchillo en la garganta. Me decía que si yo lo dejaba iba a matar a mi familia. Lo hizo infinidad de veces y yo vivía aterrada porque creía que lo iba a hacer. Cuando llegaba muy mal me tomaba del cuello, me jalaba el cabello, y me aventaba.

Seguía sintiéndome mal y bajé como quince kilos. Siempre he sido una persona delgada, pero llegué a un extremo. Hubo ocasiones en las que tuvo que llegar por mí la ambulancia. Cada vez me sentía peor y tuve que seguir haciéndome estudios y tratándome. No me daban mucho tiempo de vida. Pero en ese entonces un médico me hizo estudios y me dijo, "Estás muy joven para tener tantas enfermedades". Hasta había tomado en cuenta mandarme al psiquiatra o al psicólogo. Acudí a tres sesiones con el psiquiatra y me dijo, "No, este tema no es conmigo, tendrás que ir a psicología el tiempo que sea necesario hasta que te sientas bien, estás muy joven y sé que ellos podrán hacer algo por ti".

Estando en tratamientos, ya canalizada con un endocrinólogo y una dermatóloga, especialistas en psicología, entendí que "mente sana, cuerpo sano". Me explicaron que lo que me estaba pasando era porque tenía muchas emociones acumuladas. "De verdad tienes que empezar a tomar algunas decisiones, porque puedes empeorar", me dijeron.

Para mi suerte, los médicos también me dijeron que ya no podía embarazarme porque con el problema de tiroides algo grave podía suceder. Pues entonces me cuidé con anticonceptivos durante un tiempo pero de todas maneras salí embarazada de mi segunda hija.

Seguía trabajando en el centro joyero y como mi embarazo fue de alto riesgo todo el tiempo estuve con estudios y medicamentos. No podía permitirme dejar de trabajar porque tenía que pagar el ginecólogo particular, hacerme estudios por fuera, y seguirme atendiendo en el seguro. Los medicamentos y estudios que necesitaba eran caros. En ese entonces el papá de mis hijos no tenía trabajo. ¡Duró más de un año sin trabajar! Buscaba la oportunidad para (y él así lo decía) "enseñarse a trabajar como chofer" para seguir generando ingresos. Mientras tanto yo pagué todo lo que era necesario, tanto necesidades básicas como todos los servicios para mantener saludable mi embarazo. Con miedo y llanto, yo le pedía a Dios, creyente de Él, que me concediera el milagro de que mi bebé naciera sano.

Un día el papá de mis hijos, muy tomado, o quizás muy drogado, no lo sé, me dijo, "Aborta ese bebé. Yo no quiero más compromiso. Yo estoy por tener un hijo con otra persona".

"Soy tu esposa, ¡cómo me pides eso!", le respondí yo.

"Tienes familia, no estás sola. Estoy seguro que tus padres te van a apoyar, pero ella no tiene a nadie más que a mí".

Con más coraje y lágrimas en los ojos, le dije, "Voy a ver por mi bebé y voy a hacer todo lo posible porque nazca sano. No te necesito, puedes seguir con tu vida y tomar tus decisiones. Dame tiempo para que pueda restablecerme económicamente y pronto me iré", cosa que para él era fácil, pues llevaba años corriéndome. Me corría y luego me amenazaba: si me iba, me mataba.

Al día siguiente le reclamé y él se justificó alegando que estaba bajo los influjos del alcohol. "Nada de lo que te dije es verdad, tú estás loca y estás inventando".

"Además", continué, "mis padres están en una situación de salud muy delicada y yo no puedo ayudarlos y tampoco ellos pueden ayudarme a mí". No tenía a dónde ir.

Seguía recibiendo apoyo por parte de su mamá. Ella siempre se comportó como una madre para mí, cosa que le agradezco muchísimo. En mi embarazo tuve muchas crisis, ya que trabajar de pie por ocho horas me hacía daño. Ante la situación, mis jefes se comportaron de manera grosera y antipática: hacían todo lo posible por que yo renunciara y comenzaron a correr gente haciéndoles creer que ellos habían robado cuando todos los empleados sabíamos que no. De esa se ahorraban el finiquito.

Yo entraba a todos los locales que tenían, incluso a las cajas fuertes, pero mantuve mi postura y esperé hasta que terminara mi ciclo de trabajo para mantener el seguro y poder tener un parto tranquilo, que mi bebé naciera y tuviera todo lo necesario. Por cualquier cosa, cualquier emergencia, me aventé trabajando los ocho meses de embarazo.

Me enteré que iba a tener una niña.

De verdad que yo tuve una niñez muy linda, pero también fui víctima de abuso por parte de algunos familiares, cosa que me traumó muchísimo. Mis padres nunca se dieron cuenta, yo era muy pequeña, debía haber tenido entre los cuatro y los siete años cuando me sucedió. Fueron varias ocasiones y diferentes personas. Nunca quise decirle a mis padres porque también fui amenazada: si decía algo me iba a pasar algo a mí o a mi familia (eso me dijeron).

Emprendimiento

Cuando nació mi bebé decidí quedarme con mis hijos y emprender mi propio negocio. Comencé vendiendo un poco de oro, zapatos, edredones y todo lo que podía, incluso cosméticos, para poder quedarme con mis hijos.

Mi bebé nació sana y yo sentí una alegría indescriptible: tenía otro motor que me impulsaba hacia adelante. Me sentía tranquila porque con mi nuevo trabajo iba a poder estar más tiempo con mi bebé y mi pequeño, que ya tenía tres años. Me quedaba en el hogar, pero tenía más responsabilidades y compromisos económicos. Ya no tenía un sueldo y nada sustentaba mi economía para sacar adelante a mis hijos. El papá de mis hijos todavía no tenía nada seguro económicamente. Pensé que al tener a mis hijos las cosas cambiarían. Pero no.

Justo un mes antes de que naciera mi hija, estaba sentada en la banqueta, en un pequeño jardín afuera de la casa de mi suegra. En eso pasa una vecina y le dice a mi suegra, que estaba barriendo la calle, "Oiga, ya se alivió su nuera, ¿verdad? Fue niño".

La mamá de mi esposo le contesta, "No. Aún no se alivia. A ella le falta un mes y está aquí en mi casa".

La vecina insiste: "No, ya se alivió, y tuvo niño…".

"De la otra fulana", la interrumpo. Me levanto y me le quedo viendo.

La vecina no supo qué hacer. Mejor volteó a ver a mi suegra y le dijo, "Ah, sí, tienes razón. Yo te decía de otra persona. Creo que me confundí".

La mamá de mi esposo le reiteró: "Sí, te confundiste, ella aún no se alivia. Y va a ser niña".

La vecina se marchó, caminando inclinada y con una cara de saber que la había regado. Yo interrogué a mi suegra acerca de la conversación, pero ella me aseguró que no pasaba nada, que la vecina se había confundido.

Todo esto coincidía con lo que alguna vez el papá de mi hijos me había dicho en su borrachera. Mi consciencia se expandió y pensé, "tengo que planear bien mi futuro para definitivamente alejarme de él".

Seguí con las terapias psicológicas con el apoyo del Hospital Civil de Guadalajara, aún tenía síntomas y tomaba medicamentos. También seguí con mi negocio de ventas, tratando de generar ingresos.

Al poco tiempo, como al año, el papá de mis hijos mejoró su economía y empezó a aportar un poco más. Eso le hacía sentir que tenía más derecho sobre mí. No me permitía salir a la calle, y nuevamente, con sus ideas, me metía el miedo de exponer a mis hijos. Si yo no estaba antes de las siete de la noche en casa, me empezaba a ofender y a decirme que yo era "una de la calle". Si me maquillaba, que no valía la pena, que parecía payaso. Si me ponía ropa ajustada, que era una cualquiera. Y así muchas palabras que me lastimaban. Para él yo estaba fea, y flaca, y no tenía el cuerpo que a él le gustaba, por eso era que se fijaba en otras mujeres. Que si él me engañaba era porque yo no le daba lo que él necesitaba, así me lo hacía saber cuándo yo le reclamaba: "Solamente te lo digo para que te pongas las pilas, pero no es real, no es verdad que te estoy engañando".

Siempre me minimizaba. Pero decía que él era muy guapo y que muchas mujeres lo querían.

Yo tenía una mercancía guardada de joyería y en algún momento, tomado, me confesó: "Ya no busques la cadena de tu hijo", una cadena que yo le había comprado a mi hijo de oro, "ya se la regalé a mi otro hijo porque fue su bautizo y quise quedar bien con la mamá".

Al día siguiente, estando de nuevo en sus cinco sentidos, le reclamé, y me repitió que estaba loca, que inventaba cosas, que él nunca había dicho eso que yo estaba inventando. De verdad que en mi corazón no quedaba ni un poco de cariño hacia él. Tenía años sintiendo solamente el apego necesario porque no tenía a dónde ir, pero hacía mucho tiempo que no sentía nada por él.

En una ocasión estaba en su casa lavando la ropa y entró su hermano mayor al baño que estaba junto al lavadero. Después de unos diez minutos escuché quejidos muy feos y me asusté. Me fui a mi cuarto y le platique al papá de mis hijos. Dijo, "No hagas caso".

Así pasaron días y volvió a suceder. Yo ya no podía estar haciendo mis quehaceres porque temía que sucedería lo mismo, hasta que le dije a la mamá de mi pareja. "No te preocupes, no es nada malo", me contestó.

Pero cada vez sucedía con mayor frecuencia, al grado de que yo no podía salir de mi cuarto o a la calle porque también lo hacía cuando pasaba por su cuarto y la salida a la calle era justo por su cuarto. La casa tenía ocho habitaciones y estaba dividida en dos casas.

Mi ropa interior se perdía, tenía que esconder mis prendas. Me sentía muy mal y volví a decirle al padre de mis hijos. Solamente dijo: "No creo que sea él, ha de ser mi otro hermano".

Terminé hablando con la esposa de ese hermano que me hacía sentir incomodísima. Ella también vivía ahí y cuando le expliqué lo que pasaba ella lo justificó: que se sentía mal de salud y por eso se quejaba. Le creí y con el tiempo dejó de pasar. Pero cuando volvió a pasar de plano fue el colmo; al "quejarse" dijo mi nombre, y estando yo en el patio y él en el baño, lo oí.

Corrí. Sentí que se me salía el corazón. Era igual al miedo que sentía cuando era niña. ¡Ya no soportaba esa vida!

Volví a decirle al padre de mis hijos y él me aseguró que hablaría con su hermano. Ese mismo día, más tarde, su hermano tocó la puerta de nuestro cuarto y le dijo, "Te traje un pollo para compartir".

Sentí mucho coraje por que el papá de mis hijos lo aceptó: nunca le reclamaba nada.

Al día siguiente mi pareja llegó mal, no sé si tomado o drogado, no lo sé, pero comenzó a agredirme. Me sacó del cuarto jalándome del cabello y me arrastró por todo el patio. Mis hijos lloraban y yo no pude hacer más que pedirle que me soltara, que mis hijos no merecían ver esto. A gritos me llevó a las escaleras y quería aventarme por ahí. En el forcejeo nos fuimos los dos hasta el primer piso, rodando. Salió su hermano, el que me molestaba, y le pidió que no me hiciera daño.

"Esto un día va a terminar y los dos me van a respetar. Lo prometo", dije yo. Me levanté con un tremendo dolor en la espalda y él dejó de agredirme.

Abrace a mis hijos, tratando de calmarlos. Les conté un cuento hasta que se quedaron dormidos.

Al día siguiente dije, "Es la última vez que permito este abuso", y bajé con la mama de mi pareja y le pedí que me cuidara a mis hijos porque iba poner una denuncia de violencia a su hijo. Ella mi miró, asustada, y contestó: "Está bien, hija, yo entiendo. Haz lo que tengas que hacer".

Al subir a mi cuarto por dinero, antes de irme, salió de la otra habitación la esposa del hermano y me dijo, "Estoy harta de esta situación. Mi esposo entra al baño y hace lo que quiere con tus pantaletas. Se las roba; estoy harta, ya le he encontrado varias. ¡Qué bueno que ya no dejas nada en el tendedero! Te voy a apoyar para que hagas lo que tengas que hacer, yo te apoyo si vas a denunciar", aprovechó y me dio una bolsa con mis pantaletas "usadas" por esta persona.

Me dio muchísimo asco, miedo, tristeza. No sabía qué era lo que tenía que hacer, pero mi intuición me dijo que la denuncia era la manera de ponerle un alto a la situación y así poder salir de ella. "No te lo mereces", me dije.

Denuncia

Salí de esa casa llorando, pensando muchas cosas, y llegué la procuraduría: denuncié a cada uno por separado, mi pareja y su hermano.

Me tardé casi todo un día, no había desayunado, no había comido, llegué a la casa en la noche, como a las siete, casi ocho, y la madre y la esposa esperaban con ansias que les dijera qué había pasado. Les conté todo.

En la madrugada escuché mucho ruido y cuando desperté mi suegra ya le había avisado a sus hijos, al acosador, el hermano de mi pareja, y a mi pareja, y los dos habían huido de la ciudad. No sé a dónde.

Se acumularon dentro de mí el coraje y la impotencia. Yo quería justicia, aunque también entendía por qué ella, como mamá, los estaba justificando.

Como antecedente en la procuraduría quedaron los golpes que me había dado mi marido un día antes, aunque según ellos ninguno era visible. Por ello, el altercado sólo podía quedar como un antecedente a mi denuncia. Entonces tuve que seguir tolerando la situación que vivía. Ya no estaba en mis manos: yo ya había procedido con lo que me correspondía y la ley no había hecho nada.

Cuando fueron a detener a los hermanos, ellos ya no estaban.

Lo que yo había hecho me aterraba. Tenía miedo de que se vengaran. Así que me quedé en esa casa, esperando a que sucediera otra desgracia.

Seguí trabajando en mí y tomando terapia. Cada día creía y confiaba más en mí. Un día una de mis cuñadas, esposa de mi hermano, me invitó a una reunión de "Mujeres Emprendedoras" de la empresa Mary Kay. Ahí me hablaron de la bonita oportunidad de trabajar con ellas y generar grandes ingresos mientras tenía a mis hijos conmigo. Creí, confíe en la empresa y en la persona que me invitó, quien para mí fue un ángel, Sara Velazquez, y tomé esto como una oportunidad para cambiar mi mentalidad y mi vida.

Comencé en este mundo del maquillaje donde me dieron la oportunidad de crecer y de creer en mí. Hice grandes ventas y eso me hacía sentir cada día mejor. Ahí cortamos un uniforme de traje sastre, usábamos tacones y pantimedias; me sentía más segura de mí porque todos los días me maquillaba, y me di el permiso de estudiar maquillaje profesional. Llevaba a mis hijos conmigo a las reuniones, me daban la oportunidad de seguir creciendo e incluso de impartir yo los cursos de maquillaje. Invitaba a más mujeres a que emprendieran como yo. Y en algún momento sucedió la magia: me sentía mejor, invitaba a mujeres y ellas creían en mí y en mi liderazgo. Muchas veces me dieron reconocimientos por ser la mejor representante de ventas y me sentía muy motivada. Estuve durante varios ahí y tuve la oportunidad de viajar a Monterrey en varias ocasiones, también logré pagarme viajes en avión y quedarme en los mejores hoteles para tener estas capacitaciones de liderazgo de ventas.

Tener contacto con los clientes me hizo sentir mejor y mejor. Pero conforme iban pasando los años los conflictos con él también crecieron. Me daba miedo: cada vez se ponía más agresivo.

Comencé a ahorrar para separarme de él e irme. Conforme pasaba el tiempo tenía más conflictos con él porque él no quería que yo me fuera. Y sinceramente a mí me aterraba irme. Me amenazaba con un tranchete, me lo ponía en la garganta, me decía que tenía una pistola y que con esa me haría pedazos: yo me moría de miedo. Mis padres en ese entonces vivían (y aún viven) a unas calles de su casa, y yo temía que les hiciera algo realmente grave.

Una vez llevé a mis dos hijos a la fiesta infantil de una compañera, directora de Mary Kay. Al regresar a la casa a las ocho (en vez de a las siete como a él le gustaba) me empezó a agredir verbalmente con palabras muy ofensivas. Me dijo que yo era una cualquiera porque estaba fuera de casa a esas horas. Sin pensarlo me arrojó una botella de alcohol a la cabeza. Alcancé a moverme, pero no logré evitar el golpe de la botella enteramente. Sentí un miedo horrible. Mis hijos iban con la ilusión de compartirle del pastel de la fiesta, pero él les aventó la rebanada al suelo. Ellos lloraron. Me dio la sensación de que esto se iba a poner peor y quise bajar al primer piso (estábamos en el segundo). Él me amenazó con que, si bajaba, me iba a arrastrar por todas las escaleras.

Su mamá escuchó los gritos y subió corriendo para pedirme que bajara. "Quédate conmigo", me dijo. Pero al bajar, él comenzó a romper los vidrios del portón de la casa, por lo cual opté por subir para no afectarla más a ella.

Creí que de esa manera se calmaría y subí las escaleras, pero al llegar comenzaron los golpes. Mi pareja impactaba mi espalda con el puño cerrado. Metió a mis hijos al cuarto y comenzó mi infierno. Recibí golpes en cara y estómago, sentía sus pies en mi estómago y mi estómago en mis piernas. Fue entonces cuando tomó el mencionado tranchete (un tipo de navaja) y quiso agredirme en la cara con fuerza.

Pude detenerlo con las manos, así protegí mi cara.

Todo sucedió en cuestión de segundos. Lo último que recuerdo fue que su mamá pudo abrir la puerta y le dijo, "Viene la policía por ti. Acabo de llamarles".

Él salió corriendo del cuarto y subió a la azotea. Yo me quedé con el dolor de los golpes y el agradecimiento porque no pasó a mayores: no me había encajado el mentado tranchete. Suspiré y miré a mis hijos, quienes estaban llorando. Esto me dio el valor para levantarme.

Mi hijo mayor me decía, "Mamá, levántate por favor. Y vámonos porque te va a matar": mi hijo de seis años.

Recuerdo que comenzó a llenar una bolsa con su ropa y me dijo, "Mamá, voy a guardar lo que más pueda de mi ropa para irnos".

"Levántate por favor, mamita. Levántate, mamita. Vámonos que tengo mucho miedo", fue lo que me repetía mi niña. Apenas tenía tres añitos.

La escena fue espantosa. Me sentía paralizada, pero mis hijos me hacían despertar para saber que era el momento de huir con la ayuda de la mamá de mi pareja, pues era cierto que había llamado a la policía. También le marcó a mi papá y a mis hermanos.

Escuchamos un grito del papá de mis hijos: "Van a ver, hijas de su…" ya se imaginarán las palabras.

Su mamá bajó las escaleras esperando esconderse, alejarse de él. Ella también le tenía miedo.

Él regresa y brinca hacia el patio. Quiere entrar por esa puerta y su mamá forcejea para que nos deje en paz. Él no puede entrar y otra vez va el forcejeo. Entra y la avienta. La somete en el piso. Me asusta que no tenga corazón aunque se trate de su mamá. La lastima y mis niños gritan.

No sé de dónde saqué fuerzas y mientras ellos forcejeaban yo cerré la puerta del cuarto. Ya no podía entrar y en algún momento entendió que estaba mal violentar a su propia madre.

"Ya viene la policía", le repitió ella. "Y te van a llevar por esto que estás haciendo. ¿Cómo puede ser posible que siendo mi hijo me hagas tanto daño? ¡A mí y a tu familia!"

Él volvió a subirse a la azotea.

Pasaron unos minutos.

Entonces escuché golpes y gritos afuera del cuarto. Inmediatamente vuelve el miedo y me preparo para volver a la locura del infierno.

"Te vamos a sacar, te vamos a sacar. Ya estoy aquí, mi niña, ya vine por ti", y en ese momento sentí una fuerza dentro de mí: era la voz de mi padre. Él y mis hermanos venían a rescatarme.

Por mis gritos y los de mis hijos, mi padre creyó que estaban haciéndonos daño. Para su sorpresa, estábamos solos; el papá de mis hijos ya se había ido.

Entonces tomé papeles importantes, ropa, y mi papá, mis hermanos y la abuela de mis hijos me ayudaron a empacar.

Salí con mucho miedo. Mi papá me llevaba en su camioneta y ahí me sentí un poco más segura, pero todavía con el miedo de que el papá de mis hijos hiciera con lo que tantas veces me amenazó: hacerle daño a mi familia.

Fui a la casa de mis padres a refugiarme. Como a la hora, con el llamado de la policía y el reporte de la mamá de mi pareja, oí que alguien tocaba la puerta. Era el papá de mis hijos con un vaso de vidrio quebrado, queriendo cortarme el brazo. Mi padre escuchó el grito y entre él y yo forcejeamos con mi pareja en la puerta para que él no pudiera entrar, pues tenía toda la intención de hacernos daño.

Presionando la ventana, mi padre y yo pudimos aventarlo y expulsar su brazo, que al mismo tiempo estaba siendo machucado por la ventana. Sólo por eso retiró el brazo y en lo que pasaba el forcejeo, uno de mis hermanos llamó a la policía nuevamente.

En cuestión de segundos apareció la patrulla y ahí mismo lo arrestaron. Lo cacharon con el vaso en la mano.

La policía me informó que tenía un reporte de antecedente. "Me sale aquí, con tu nombre. Vamos para que procedas con la denuncia", me dijeron.

Yo todavía tenía el miedo atravesado y ellos me insistían que me subiera a la patrulla. No me quise ir con ellos, preferí pedir el permiso para que mi padre manejara conmigo en su camioneta. Al principio los policías no querían, pero después aceptaron al verme en crisis.

Mis hijos se quedaron en casa con mis demás hermanos.

Mi padre y yo llegamos a la procuraduría y se hizo todo el proceso que correspondía. Desde adentro podía escuchar al papá de mis hijos gritar, decía que me amaba, que no lo dejara, que lo perdonara, que obviamente había actuado así por amor, por miedo a perderme, pero que estaba dispuesto a hacer las cosas mejor, a perdonarme por lo que yo también le había hecho, que no lo dejará ahí, que no fuera mala con él, que él no era malo conmigo. Entre esos gritos una mujer policía se acercó a mí y me dijo, "No hagas caso: eso es violencia psicológica. Solamente te está manipulando. Si tú lo perdonas y quitas la denuncia, el día de mañana no sabes si realmente llegue a matarte y nosotros ya no vamos a poder hacer nada por ti. Procede con la denuncia".

Así que seguí con el proceso y terminé de denunciarlo. Fue desgastante, fue aterrador; el brazo me dolía, tenía moretes por todos lados, me dolía la cabeza, los golpes que me había dado eran visibles, tenía el brazo hinchado, no podía moverlo, me dolían las bolas que tenía en la nuca. Ni siquiera supe de dónde salió tanto moretón, pero entendía que era el resultado del de los golpes.

Regresé a casa con mucho miedo. Sentía culpa por haberlo elegido y por haber aceptado la relación y haber expuesto a mi familia al haberme aguantado tanto tiempo. Pero de verdad que es fácil decir "déjalo si puedes, no seas tonta", pero cuando estás en la relación te bloques, sientes que no tienes otro camino, y más si te están amenazando de muerte.

Metafísica

Yo no entendía la psicología de lo que me estaba haciendo. Me dijeron que era una codependencia emocional por parte de ambos y con el tiempo entendí que realmente vivía con un narcisista.

Mientras avanzaba el proceso de la denuncia mi padre me pidió que me quedara en su casa con mis hijos para que él y mis hermanos me pudieran seguir protegiendo, pero a mí no se me quitaba el miedo de que les hiciera daño a ellos y decidí retirarme y quitarle la responsabilidad a mi padre.

Me fui y pronto me avisaron que habían dejado a mi pareja salir porque había pagado su fianza, que era una cantidad considerable. También lo habían perdonado en la procuraduría, o al menos eso fue lo que me dijo una persona cercana a él cuando me enteré que estaba fuera. E inmediatamente empecé a temblar. Vomitaba, me dolía el estómago contantemente, sentía un vacío: estos eran los síntomas del miedo de volver a vivir lo que había vivido aquella noche de la golpiza y el encarcelamiento.

No sabía a dónde ir. El dinero que había ahorrado lo dejé en casa de la madre y obviamente no quise regresar. Entonces una amiga a la cual bendigo, que ya no está en mi vida, me ofreció un cuarto en su casa. Me dijo, "Vente para acá, aquí estarás más segura. No estarás expuesta tú ni estarás exponiendo a tus padres. Yo te apoyo".

Bendita sea esa persona que me abrió las puertas de su casa, gracias a ella comenzó una nueva etapa de mi vida, la cual se me iba vendiendo los productos de Mary Kay, capacitándome, asistiendo a terapia... pero mi salud también seguía afectada y cada vez tenía más complicaciones por la tiroides.

Comencé a estudiar meditación y metafísica, algo que me parecía muy interesante. Desde siempre creí que yo no era normal, pues muchas de las cosas que pensaba sucedían, o a veces podía percibir lo que la persona me iba a decir, o lo sentía, antes de que me lo dijera. Me quedaba sorprendida, pero no lo hablaba porque creía que la gente me iba a juzgar, decir que estaba loca. Con el paso del tiempo se presentó la oportunidad de asistir a una sesión de Reiki y pues me di la oportunidad. Cuando salí de esa sesión me sentí completamente diferente, hubo un cambio en mí y pensé, "wow, yo quiero estudiar eso".

Me sentí muy bien, me compartieron la información sobre las flores de Bach y una persona me recomendó regresar al lugar porque yo seguía menstruando todos los días y eso me debilitaba mucho, no sabría explicarles lo fatal que me hacía sentir. Volví a hacerme estudios y seguía mal de la tiroides. Estaba en decadencia, mi pierna se estaba poniendo toda morada y la dermatóloga me explicó que era un problema de los tejidos porque esta enfermedad era degenerativa, que no iba a haber recuperación, que la pierna se iba a secar por completo y que iba a perder movilidad. Eso me aterraba. Yo quería vivir para mis hijos, quería darles una mejor calidad de vida.

Por fin, después de haber salido del infierno que habitaba, me aferré tanto a mí misma y a la fe en una vida mejor que me repetía: "Tú estás sana. Tú puedes salir adelante. Tus hijos te necesitan. No es momento de partir".

Los doctores me daban poco tiempo de vida. Cada que iba me decían, "Si no te cuidas te vas a morir muy pronto", "Tienes una enfermedad crónica", "Dudamos que puedas salir de esto", "Échale ganas a este tiempo que te queda".

Ir al hospital me hacía sentir pésimo.

Sin embargo había un ángel: la dermatóloga; ella siempre me apoyaba. Me decía, "No te preocupes. Yo, mientras pueda, te voy a regalar la medicina", al grado en que comenzó a regalarme incluso los estudios. Ella sabía y entendía mi situación y me decía, "Aquí estoy yo para apoyarte".

Era una mujer muy rubia de ojos azules y siempre que iba al hospital les decía a sus compañeros, "Ella es mi sobrina". Ja, ja, ja, me daba risa porque se notaba que lo decía con el afán de cariñosamente hacerme parte de su vida.

La verdad es que siempre me encontré con personas que venían a levantarme de donde yo estaba tirada.

Gracias a su tratamiento hubo una mejoría, pero las dos sabíamos que la enfermedad no iba a cambiar aunque se alentara su proceso. Entonces seguí con la metafísica, estudiándola, y un buen día me encontré con un libro llamado La ley de la atracción. Este libro se convirtió en mi Biblia, y no lo digo por ofender a la Biblia sino para enfatizar que para mí fue sagrado. Este libro me permitió entender que todo está en la mente y que tenemos el poder de sanarnos: de creer y de crear todo lo que queramos. Parte de esta información ya la había recibido en las capacitaciones que tenía con Mary Kay.

Empecé a hacer cambios en mi vida. Siempre quise modelar, educar, ser bailarina, pero ni siquiera me atrevía a empezar a soñarlo. ¿Cómo alguien como yo, con dos hijos, podía hacerlo?, y enferma, ¡mucho menos!

Con el paso del tiempo perdí a mis clientes de Mary Kay porque la mayoría estaban en la zona donde el papá de mis hijos vivía y él ya comenzaba a buscarme y a mandar mensajes amenazantes donde me aseguraba que donde me encontrara me haría pedazos. Las amenazas eran constantes y no podía cambiar mi número de teléfono porque a veces no tenía ni siquiera para comer, mucho menos para comprarme un teléfono. Pero los mensajes me servían como testimonio de que él seguía amenazándome.

Seguí estudiando metafísica y me hice un decreto a mí misma que me repetía todos los días: "Estoy sana. Estoy radiante. Estoy viviendo la mejor etapa de mi vida. Soy feliz y estoy plena". Aprovechaba para decretar incluso cuando las personas me preguntaban cómo estaba. Les decía, "Estoy sana. Estoy feliz, y estoy viviendo la mejor etapa de mi vida". Se hizo una cosa de todos los días hasta que llegó el momento en que se hizo realidad. Poco a poco mi cuerpo comenzó a mejorar. Yo no me lo explicaba, pero es verdad.

Mi pierna izquierda tenía una dureza en la piel y me daba un dolor como de quemadura interna. Los doctores me decían que era esclerodermia morfea y que esa enfermedad no podía derrotarse, que conforme pasara el tiempo perdería la rigidez y con ella la movilidad. Para mí era traumatizante. Pero nunca me conformé con los comentarios de los médicos, ellos me daban un diagnóstico fatal mientras en mi mente fantasiosa pasaba lo contrario. Me repetía: "Eso no es verdad, yo estoy sana".

Con el paso del tiempo me mantuve firme en mis emociones y en mis pensamientos, creyendo que esa enfermedad se me quitaría por completo. No podía aceptar perder completamente la pierna, para mí era lo peor que me podía pasar; yo ansiaba bailar, era mi sueño bailar, disfrutar al bailar. Me decía a mí misma, "Tus sueños no pueden detenerse aquí. Hoy comienzan a materializarse. Ya es el momento de que creas que estás sana", y al mismo tiempo tocaba mis manos y me imaginaba que les daba el poder de sanarme a mí misma. Con la manos me tocaba la pierna y con mucho amor le decía, "Estás sana. Tienes movilidad. Puedes avanzar, sigue avanzando y no te detengas. Eres joven. Eres hermosa. Permítete disfrutar y mostrar tus piernas".

Y con esto comencé a tener ganas de aprender, de disfrutar. Ponía en práctica lo aprendido en metafísica, pues era mi alternativa, mi única oportunidad de creer y ver cambios reales en mi vida.

Mi pierna fue cambiando su tono morado intenso y su textura perdía la rigidez y volvía a la normalidad. Suave. Poco a poco se iba el dolor. Yo no podía creer que mi pierna estaba cada vez más y más sana, más hermosa, y eso me motivaba a seguir creyendo que las demás síntomas podían curarse también.

Ya tenía dos años sin descansos en mi periodo, era constante y los sangrados abundantes. Lo cual me provocó una anemia de segundo grado; estaba dieciséis kilos por debajo de mi peso normal. Me sentía débil, cansada, triste: sentía que la tristeza inundaba mi cuerpo.

Empecé a valorar mi vientre, la matriz que había sido víctima cuando mi lado femenino era violentado por mi pareja. Hice el reconocimiento de todo el daño que permití que él me hiciera y caí en cuenta que por esta razón mi vientre estaba afectado con el sangrado. Por otro lado la tiroides, que era la causa de todos mis síntomas, está en la garganta, donde yo tenía un cúmulo de emociones atoradas que no expresaba por miedo a las amenazas de mi horrible pareja. No acudí a mis padres ni pedí ayuda a las personas de mi alrededor porque temía por ellos, no sabía si sus amenazas eran solamente palabras o si estaba dispuesta a convertirlas en acciones.

La tiroides es una parte importante del cuerpo, pues segrega hormonas muy necesarias (T4 y T3). De ahí se detonó todo mi mal. Se me caía el cabello, tenía la piel reseca, me daban taquicardias, me ponía tan mal que la ambulancia tenía que ir por mí para estabilizarme. Claro que esto tenía que ver con todas las emociones que me guardaba y todas las limitantes que habían en mi mente al creer que no podía salir de mi situación. Pero ahora me permitía asistir a terapia emocional y ahí aprendí de mi terapeuta que lo más sano y reparador para un cuerpo es no estar en el mismo lugar donde se ha enfermado. Esas palabras me hicieron fortalecerme y cambiaron mucho dentro de mí. Fue eso lo que me hizo darme cuenta que yo no sanaba porque no me alejaba de mi situación.

Conforme me fui alejando fue más fácil sanar mi mente y no solamente culparlo por todas las cosas que sucedieron, pues al final yo también era responsable de haber aceptado la relación. Eso me ayudó muchísimo: hacerme responsable de mí y buscar mi propia salud mental y física.

Llegaron ángeles terrenales que me guiaron, amigos y amigas, que con sus palabras alentaban a mi ser, dándome el apoyo emocional que yo requería. También hubieron personas que me apoyaron comprándome de los productos que vendía. Hice nuevos clientes: caminaba por las calles tocando puerta por puerta, con mis hijos, sin un peso en la bolsa, pero con imagen, traje sastre, tacones, bien maquillada y con mis hijos limpios y alineados. Les decía, "Vamos por dinero, todo está bien".

Ellos, con su carita feliz, me respondían, "Sí, mami, vas a vender mucho". Escucharlo de ellos era un compromiso para mí: sí o sí tenía que vender.

Agradezco a esos ángeles que llegaron como clientes y clientas a mi camino y que me apoyaron comparando. Gracias, porque de ahí comían mis hijos; gracias por esos clientes que me dieron apoyo emocional sin conocerme, sus palabras fortalecieron mi alma.

También llegué a volantear casa por casa para la empresa del Instituto Sol. ¡Mil volantes diarios por $100 pesos! Eso me pagaban al terminar de repartir los volantes. Mis hijos caminaban conmigo en las calles para repartir. Recuerdo que les decía, "El que acabe primero tendrá un jugo".

Ellos sonreían y se emocionaban sinceramente. A mí se me hacía un nudo en la garganta, pero respiraba profundo y seguía caminando, haciéndoles ver que estábamos bien, los tres ganado y jugando a ver quién ganaba.

Desde cero

De una manera u otra, ya tenía para darles de comer a mis hijos y cubrir todas sus necesidades, pero aun así el dinero no era suficiente. Lo más difícil era comenzar desde cero y hacerme nuevos clientes, pero yo necesitaba avanzar para darles lo mejor a mis hijos.

Tuve el apoyo de una amiga llamada Betty Moreno. Estuve aproximadamente un año en su casa, lo cual agradezco infinitamente, pues me recibió con mis hijos. Yo aportaba dinero para realizar algunos pagos, también hacía el aseo de la casa para apoyarla a ella y a su familia. Las hijas de mi amiga se convirtieron en mis hermanas, familia terrenal que hoy sigo conservando con mucho cariño. Las tres son personas especiales con un lugar en mi corazón, cada una ha marcado algo importante en cada etapa de mi vida.

Desgraciadamente mi amiga falleció a sus cincuenta y tantos años por un problema de corazón. Cuando ella se fue, me di cuenta que la vida es muy corta y lloré mucho por su ausencia: era una persona muy especial para mí; la sentía como una madre que me guiaba.

Un día en el salón de baile a donde ella me invitaba, conocí a mucha gente, unas amistades suyas y otras personas que trabaja ahí. Mi amiga Betty me presentó a uno de ellos y me dijo, "Este chico me agrada para ti. Veo en su mirada que tiene un buen corazón". Nos saludamos y comenzó una amistad entre él, ella, y yo.

Ella siempre me decía, "Disfruta y vive porque nunca sabes cuándo te vas a ir. No pierdas tu tiempo, haz lo que tengas que hacer y trata de cumplir todos tus sueños porque este es el momento de comenzar".

Lo tomé muy en cuenta.

Ella me invitó a muchos lugares de baile y eso me fortaleció porque era algo que yo ya anhelaba. Salíamos juntas a realizar ventas en la ciudad y en sus alrededores. Salíamos a bailar cumbia y salsa, uuuf , y lo mejor eran los lugares familiares a los que podía llevar a mis hijos. Ahí conocí gente de la tercera edad que me enseñó a bailar, ya que yo no sabía nada de baile.

En una ocasión, una clienta que se convirtió en mi amiga me invitó a trabajar a una agencia de edecanes y modelos. Le dije que no creía posible que me dieran el trabajo... en fin, sólo eran unas horas sábados y domingos, y fui... ¡Me dieron el trabajo! Fui empezando y luego me contrataron como modelo de pasarelas de vestidos de novia y trajes de baño. Me di cuenta que podía hacer realidad las cosas que deseaba sin dejar de estar al pendiente de mis hijos. Un día llegó otra agencia, a la que fui recomendada por la anterior, que me llevó a realizar algunos comerciales para una marca de tequila que salía en Canal 4.

Las cosas mejoraban cada día y yo notaba que a mi salud le pasaba lo mismo y eso me daba la fortaleza de continuar. Llegó otra invitación a generarme más ingresos: una íntima amiga de la familia con la que yo estaba viniendo me ofreció trabajar con ella de edecán, ganando el doble de lo que ganaba en un día en otras agencias, era para una marca reconocida de tequila. Decidí dejar la otra agencia y trabajar con ella.

Mi vida iba retomando su rumbo poco a poco. Con dinero en la bolsa decidí ir al hospital a realizarme estudios nuevamente, para saber cómo seguía mi tiroides, mi anemia, etc. Los resultados fueron sorprendentes: ¡estaba sana!, ya no tenía ningún síntoma y los estudios arrojaban que yo estaba bien. ¡Qué felicidad! Era el momento que tanto había deseado, era como una película que ya había visto en mi mente y que sabía que se haría realidad.

Mis hijos seguían estudiando y yo trataba de darles tiempo, amor, cuidados, atención. Hasta que decidí independizarme y rentar un departamento para mí y mis hijos.

Me mudé; llegamos a ese lugar sin nada, sólo la ropa que teníamos puesta. Pero poco a poco fui comparado uno que otro mueble y con la ayuda de mi padre pude seguir trabajando mientras él cuidaba a mis hijos. Cuando yo tenía que salir a trabajar, mi padre me apoyaba con ellos.

Seguí trabajando, asistiendo a terapia emocional, y cuando tenía más ingresos llevaba a comer a mis niños a algunos lugares de infantiles donde había juegos. Ver sus sonrisas me hacía sentir feliz.

Un año y medio después regresé a trabajar de edecán al salón de baile donde había conocido al amigo de Betty. Él me había comentado que, si necesitaba ganar más dinero, pues sabía mi situación, ahí en el salón había una posibilidad, que iba a preguntar y me avisaba. A los días regresé y ya había trabajo para mí. Él me había recomendado con el dueño del lugar y me dieron la oportunidad de trabajar de planta como edecán y ser bailarina de su grupo versátil. La noticia me hizo inmensamente feliz. ¡Era mi sueño ser bailarina desde que era una niña!

Fue entonces cuando recordé algo que decía el libro de La ley de la atracción, era algo como, "Tú pídele al Universo y deja que conspire. No preguntes cómo sucederá, pero mantén firme tu deseó".

Y así empecé a trabajar de planta en ese lugar y en los lugares donde contrataban al grupo versátil. Estar en un escenario era un lindo sueño hecho realidad. La chica que estaba de cantante tenía más experiencia que yo, y me enseñó algunas coreografías y yo con las ganas y el amor a bailar aprendí y disfruté. Seguí creyendo en mis sueños y mis deseos. Me permitía ensayar para poder bailar mejor y conservar mi trabajo mientras en el departamento mis hijos y yo disfrutábamos de tener un lugar seguro donde ya no había violencia ni gritos.

Para la primera Navidad en ese departamento todavía no teníamos nada de muebles, sólo una cama individual con colchón que mi padre me había regalado para mis hijos. Tampoco hubo regalos. Yo estaba un poco triste, pero decidí comenzar a vender edredones y zapatos y así obtener dinero. Con mis ventas pude comprar poco a poco algunas cosas que hacían falta en casa y los regalos para mis hijos. Para ese entonces también vi otro cambio: podía ver y reconocer en mí mis logros y entendía la importancia de estos.

Un día en el salón de baile un compañero se acercó y me informó que en otro lugar también estaban solicitando una chica para un evento, la entrega del Micrófono de Oro, "¿Por qué no vas ? Estarías recibiendo a los invitados de esa noche, personas de Televisa".

Dije, "wow, ¿por qué no?" Fui y me dieron el trabajo. Ahí conocí a Laura León, a los conductores de "Día a Día", a Eli Guerra, a la Banda San Miguel, a la Sonora Matancera, a los conductores del Canal 2 de algunos noticieros, entre otros tantos más. Fueron dos años aproximadamente los que trabaje ahí, y me sentía contenta de estar viviendo estas experiencias de vida.

Cuando comenzaba a estudiar la metafísica me visualizaba bailando, siendo feliz, estando sana, en una relación de pareja donde era valorada y respetada, y había amor y armonía. Me visualizaba con mis hijos, viviendo plenos, protegidos en amor y unidad. Me visualizaba haciendo más por los demás y apoyando a quienes también necesitarán de mí, ya que todo es recíproco, y así se fue dando todo en el camino de mi vida. Sentía que me faltaba mucho por aprender, pero Dios Padre y el Universo conspiraron a mi favor y cada día abrían caminos para mí y mis hijos.

Con el grupo versátil en el que trabajé por seis años nos invitaron dos veces a tocar en un programa de televisión de Canal 4 llamado "La Kolorina". Fueron experiencias únicas, ahí conocí a Paty Navidad, Cosme Tadeo, el Grupo H, y más gente de Televisa. Mi vida había dado un giro completo.

Siempre he creído que las cosas suceden para sanar y aprender lo que tus ancestros no sanaron en su momento y que tú vienes a representar las vidas pasadas de ellos, o quizás las tuyas mismas en una reencarnación donde tienes una nueva oportunidad. "¿Cómo fue posible todo este cambio?", me preguntaba. Desde mi salud hasta mi vida entera. Por mi menté pasó un mensaje que me respondía la pregunta: "E por el amor propio que te has dado, ese amor y respeto a tu persona; era necesario reconocerte y poner límites, porque nadie es culpable de nada, sólo existe responsabilidad en la forma en que vivimos la vida, y tú te dejaste de culpar y te hiciste responsable de tu vida, ese fue el milagro; viste hacia dentro todo lo que tenías que cambiar y solucionar.

Un cliente del primer lugar de baile me regaló dos libros donde aprendí más. Uno de los libros hablaba del poder de la palabra y me di cuenta que todo lo que yo había decretado con mi palabra se había hecho una realidad.

Amor

Antes de dejar al padre de mis hijos le hice una carta donde le agradecía todos sus golpes, insultos y las experiencias que tuve con él, porque entendí que esos momentos me enseñaron a amarme, a valorarme y darme cuenta que no quería seguir viviendo eso y que en realidad él fue un maestro de vida y esa había sido una experiencia que yo decidí vivir.

Justo antes había leído *El libro del esclavo* y me pareció muy asertivo como mensaje para mí, porque algo que dice y se me quedó muy gravado es: "¿Y tú de qué eres esclavo?" Me di cuenta de que yo también era esclava. Hice consciencia y dije, "Jamás quiero ser esclava de nadie o de nada". Seguí investigando sobre el poder de la palabra y pude atraer a mi vida personas que le sumaban.

Desde niña creí que yo era rara, pero me daba miedo contarle a los demás lo que yo veía y sentía. A veces veía sombras y podía decir que era la energía de alguna mujer u hombre, y también podía decir por qué fallecieron y de qué, pero, claro… si lo decía me llevaban al loquero, ja, ja, ja. También podía sentir lo que la otra persona estaba sintiendo cuando estaban cerca de mí, incluso intuía si algo querían decirme. Podía soñar y ver en mis sueños a personas que luego veía en la vida real, y me decía, "¿cómo sucedió esto?"

Un día escribí una carta como ejerció de la ley de atracción y puse ahí cómo quería que fuera mi próxima pareja. Lo describí más alto que yo, de piel clara, que le gustara bailar, que le gustara verme arreglada, que le gustara verme en vestidos y tacones muy altos, que me invitara a bailar, que me permitiera ser yo, que me dejara crecer para seguir realizando uno a uno mis sueños. Pedí que fuera mi compañero de trabajo, mi amigo, mi pareja, mi novio, y juntos fortalecernos; pedí que me tuviera empatía, que me amara y respetara, que fuéramos guías para un hogar y que amara a mis hijos, y ese día justamente llegó ese amigo que me había presentado Betty.

Hoy es mi pareja, tenemos catorce años juntos. Vivimos la experiencia de criar juntos a nuestros hijos: él tenía dos niños y yo a mi niña y a mi niño. Fueron años de sanar. Lo invité a asistir con sus hijos a terapia emocional y él aceptó. Busqué los lugares y empezamos a sanar juntos. Buscaba una y otra manera para hacer un hogar de amor y respeto para nuestros hijos y ellos crecieron con nosotros, cerca de sus padres.

Un día mi pareja me regaló una sesión de Reiki y yo feliz la recibí. Ese día no supe qué pasó dentro de la sesión, pero me sentí muy relajada y tranquila.

Le agradecí ese bello regalo y algo mágico pasó: quería saber más sobre Reiki.

Un día la amiga íntima de la familia que me había contratado de edecán me compartió que se iba a abrir un curso de Reiki y que tendrá facilidad de pago, que si me interesaba. Yo justamente estaba buscado eso.

Comencé a estudiar Reik angelical con una gran maestra llamada Erika. Ella me enseñó a despertar en mi corazón y alma algo que ya sentía que era parte de mí, pero que desconocía. Aprendí a leer la energía de las personas, aprendí a alinear la energía de quienes, poco a poco, con la práctica, se convirtieron en mis pacientes.

Recuerdo que un día, al estar en una práctica, toqué el chakra-corazón de un señor de la tercera edad y sentí su dolor y tristeza y sentí muchas ganas de llorar. Tuve que controlarme y cuando el señor abrió los ojos le pregunté, "¿Cómo se siente ¿Quiere compartirme su experiencia?"

"Me sentí muy tranquilo, como si algo saliera de mi corazón y por fin me dejara descansar. Me sentí en paz", respondió.

"¿Le gustaría que le explicara lo que yo sentí?"

Asintió.

Le conté que yo había sentido mucha tristeza porque él tenía una relación muy lejana con sus hijos, en especial con una de sus hijas, que percibí su dolor y su tristeza porque casi no los veía. Sentí el rechazo de su hija y el abandono.

Él levantó la mirada, tenía los ojos cristalinos. Lloró, y la verdad es que yo tampoco pude controlar mis lágrimas. Toqué su timo con la mano derecha y le dije, "Ellos pronto lo van a buscar y todo va a estar bien. Ellos están bien, no se preocupe, solamente ha sido una falta de comunicación y hay algunas cosas que tiene que sanar de padre a hijos y de hijos a padre. Pero ellos lo aman".

Terminamos agradecidos los dos. Fue una experiencia muy bonita.

Iba percibiendo cómo mi intuición crecía cada vez más. Mi maestra pudo enseñarme a canalizar con los arcángeles, y ellos aportaban la sabiduría y la sanación que cada paciente recibe; uno como terapeuta es un canalizador y el paciente es quien realiza el trabajo. Quienes nos dedicamos a esto percibimos tal cual la energía de la información que se nos da como guías de cada arcángel para poder proceder en cada paciente.

Llegué al segundo y luego al tercer nivel hasta graduarme como maestra de Reiki angelical. Después mi maestra me enseñó sobre terapias con geometría sagrada, las cuales podía implementar también en las sesiones de Reiki para fortalecer a los pacientes.

Justamente me llegó la noticia en ese entonces de que mi hijo el mayor, de diecisiete años (yo tenía treinta y cinco), iba a ser papá con una chica de dieciséis. Sentí miedo, preocupación, angustia, tristeza; no podía creerlo, no podía con esa emoción tan grande, pero terminé comprendién-dolo, apoyándolo, y recibiendo con mucho amor a mi nieta hermosa.

Fue emocionante enterarme de que iba a ser una niña, ya que en mi familia se dan más los hombres: de mis cuatro hermanos mi hija es la primera nieta y fue la única por dieciocho años. Pero después nació mi hermosa sobrina, Emma, que ahora tiene tres años, y pues también está mi nieta, que hoy tiene siete y es la primera nieta mujer, la tercer mujer de la familia.

Hijos

En ese entonces mi hijo trajo a vivir a su pareja a la casa. Vivieron con nosotros por casi nueve meses con la bebé recién nacida. Vivíamos aún en el departamento con el que nos independizamos.

Fue entonces cuando mi hijo, a sus quince años, tomó la decisión de irse a vivir a casa de su padre. Fue un momento muy doloroso para mí y hasta llegó a deprimirme su ausencia. Y no fue sólo su ausencia, sino su deseo de vivir en donde antes ambos habíamos sido víctimas de violencia. Me aterraba pensar que su padre iba a guiarlo y educarlo.

Acudí ante la ley para que me explicaran qué era lo que correspondía hacer para impedir que regresara a casa, pero en la misma demanda del padre de mi hijo para pensión alimenticia (que aún está en proceso, es decir, nunca llegó) me dijeron que era imposible hacer algo. Ante la ley, él ya tenía edad para tomar este tipo de decisión (se puede tomar incluso a partir de los siete años). Eso me desconcertó mucho y tuve que aceptarlo. Claro que con el paso del tiempo surgieron muchas situaciones que me afectaron emocionalmente.

En una ocasión mi hijo tuvo un accidente automovilístico: una camioneta lo embistió y acabó en el hospital. Todavía tenía los quince. Tenía un hematoma y una fractura expuesta en el brazo para la cual necesitó cirugía y veintiséis días de recuperación. Creí que a partir de esa experiencia regresaría al departamento, pero sólo regresó para que le ayudara con las curaciones y estuviera al pendiente de sus citas médicas. Y después regresó con su padre y yo lloré muchísimo. Por las noches iba a su cama a ver su lugar vacío y se me partía el alma. Deseaba que volviera a casa, pero él me decía, "Madre, sólo quiero mi libertad, vivir mis experiencias y estar en casa de mi padre".

Ese niño que fui criando y educando y en su momento fue cambiando llegaba a visitarme con reclamos, que por qué había dejado a su padre, que yo tenía que regresar con él. Yo me daba cuenta que estaba siendo manipulado por él. Su padre le aconsejaba, o más bien lo convencía de razones para juzgarme o criticarme por mis decisiones. De verdad que no es fácil tener una relación con un narcisista que, después de quererte afectar y lastimarte directamente, trata de utilizar a tus hijos para seguir controlándote. Los mensajes que su padre la daba afectaban mi relación entre mi hijo y yo.

Eso me daba motivos para seguir estudiando y aprendiendo a manejar mis emociones. Ante esta situación entre mi hijo y yo, decidí no darme por vencida y seguirme formando como terapeuta en medicina alternativa, estudiando con mi maestra Erika. Un día le comenté de la situación y en mi llanto le dije, "Creo que está consumiendo algún tipo de droga y no sé qué hacer. Lo veo raro, lo veo delgado y estoy muy preocupada".

Ella me recomendó un lugar donde podían ayudarlo. "Son unos talleres para adolescentes que tienen un costo de 1,2000 pesos por persona".

Mi cara fue de sorpresa. "Sería genial, pero yo no tengo ese dinero".

Me dijo, "Tú no te preocupes, podemos hacer una rifa para recaudar fondos y ayudar a tu hijo. Yo tengo unos productos en mi casa que podrían ayudarte".

De verdad que mi corazón latió. Sentí unas ganas inmensas de abrazarla y de darle gracias porque ella estaba siendo mi guía en ese momento en el que yo necesitaba tanto la fortaleza.

Con ella fue con quien aprendí Reiki angelical y me fue asignado como maestro guía el arcángel Miguel. Yo, en mi desesperación, y creyente de lo que había recibido en la maestría del Reiki, pedí al arcángel Rafael, que es el sanador y médico de los siete arcángeles, que me ayudara a encontrar el medio para ayudar a mis hijos, en especial al mayor. Ese mismo día me fui, pensativa y buscando soluciones, pero por mi mente pasaba la de hablar con el arcángel Rafael: "Guíame, ayúdame y ponme a las personas indicadas en el camino. De verdad necesito que me ayudes a sanar la mente, el cuerpo y el alma de mi hijo. Tengo mucho miedo de que las cosas vayan empeorando", y justamente, estando en el celular, me apareció una imagen donde promovían un taller para adolescentes, que era lo que yo estaba buscando. Me sorprendí porque sentí que era una respuesta del arcángel Rafael.

Había veces en las que sentía como que esto no era real, que había sido una casualidad y lo que se estaba manifestando era un conjunto de emociones raras porque mi corazón lo creía pero mi mente quería razonar y buscar una y otra explicación.

Leí las indicaciones de lo que pedían en este taller: era justo lo que yo buscaba para mi hijo y a un precio más accesible al que mi maestra me había compartido. No dudaba que ambos eran excelentes y que podían aportar suficiente para mi hijo, el detalle era que yo estaba buscando cómo obtener el dinero para poder inscribir a mis hijos, en especial al mayor.

Me di a la tarea de escribir enseguida a este taller que se había presentado por Messenger. Pronto recibí una respuesta y me explicaron los beneficios y el costo era de 7,500 pesos aproximadamente por cada uno. Era la mitad del costo, pero aún no lo analizaba. Aquí podía aprovechar para ingresar a mis dos hijos y pagar lo que en el otro lugar me cobraban por cada uno.

Me dijeron que el taller comenzaba al día siguiente. Yo le dije que sonaba interesante pero que sería para la siguiente ocasión, ya que no contaba con los recursos ahora. Esta persona me dio varias indicaciones y me dijo que no me rindiera, que si el mensaje me había llegado era porque ese era el lugar correcto y de alguna manera habría una forma de pagarlo, que podría incluso ir abonando mientras mis hijos tomaban el taller.

A mí lo que se me ocurrió fue preguntarle, "¿No necesitas personal para hacer el aseo?"

Me dejó en visto durante unos segundos pero pronto empezó de nuevo a escribir. Yo en mi mente hacía oración y decía, "Padre mío y arcángeles, por favor guíenme en el camino correcto, ábranme el paso para seguir guiando a mis hijos y si es este lugar en el que deben estar, hagan que las cosas se den de la mejor manera. Denme los medios para poder lograrlo".

Me respondió: "Mira, en este momento sí necesitamos quién nos haga el aseo. Si este lugar te interesa, por qué no te traes mañana a tus hijos y lo platicamos. Aquí acordamos el tema de los pagos y del empleo para que realices con nosotros el aseo".

De verdad que sentí que me había contestado el mismísimo arcángel Rafael. No lo sé, estaba sorprendida. Como dice por ahí un dicho: pide y se te considerará. Estaba feliz, muy feliz, extremadamente feliz, sentía que estaba siendo escuchada y guiada por ellos.

Al día siguiente hablé con mi hijo, que seguía viviendo en casa de su papá. Le planteé la situación y lo invité, aunque la verdad es que creí que no asistiría.

Al día siguiente, a la hora que le dije, él estaba puntual en el departamento y yo sentí que el corazón me explotaba de emoción.

Llegué al lugar y me recibieron muy amablemente y en ese momento conocí a la persona con la que me estaba escribiendo por Messenger. Se llamaba Mauricio Acevedo. Me dio la bienvenida y me dijo, "¿Ya estás lista para que vengan las bendiciones a ti?"

Con una sonrisa, le respondí, "Muchas gracias por tu confianza y por la oportunidad. Justo el día de ayer le pedí, en mi creencia, al arcángel Rafael, a los siete arcángeles y a Dios que me guiaran por el camino correcto y que todo se diera si era lo mejor para mis hijos, y aquí estoy".

"Me agrada que comiences a confiar en que las cosas se dan de la manera más asertiva y que sí hay guías que nos están abriendo los caminos. Mira, te presento a mi pareja", me presentó a una mujer agradable que estaba de acuerdo con él para apoyarme. Se llamaba Maribel Venegas.

Sentí que había llegado al lugar correcto.

Ese día mis hijos se quedaron en el taller y yo comencé a hacer el aseo con una alegría que no me importaba estar haciendo el aseo: yo solamente quería pagar para solventar los gastos de mis hijos.

Mi hijo terminó cursando solamente dos niveles. Mi hija terminó todo el taller.

Sí noté un cambio en mi hijo, pero para ese entonces ya tenía que enfocarse más en ser papá porque que ya había nacido su pequeña hija. Lo entendía y también trataba de dejarlo y no presionarlo, pero sabía que habían más cosas por hacer para seguirlo guiando y apoyando.

Maestría

La escuela donde mis hijos tomaban el taller era de medicina alternativa. Y como yo estaba trabajando ahí, me di cuenta de que podía seguir aprendiendo. Un día, haciendo el aseo y platicando amenamente con Maribel Venegas, ella me miró a los ojos y me dijo, "Tú no estás para hacer el aseo. Me encantaría que te prepararas como Maestra en Medicina Alternativa, aquí tendrás la oportunidad de seguir trabajando, recibir descuentos y obtener tu maestría. Veo que tienes el conocimiento sobre la sanación".

Le devolví la mirada y con mucha alegría le respondí, "Claro que sí. Su ustedes me dan permiso, a mí me encantaría".

"Por supuesto que sí. Tienes mucho que dar y me encantaría tenerte como coach en mi escuela. Tengo la idea de preparar a muchas personas que estén dispuestas a sanar a los demás, mi sueño es tener un hospital de medicina alternativa donde juntos podamos sanar a muchas personas. ¿Te gustaría ser parte de mi sueño?"

Y yo le dije que sí.

Cada que yo avanzaba, le pedía a Dios, "Padre mí, guíame al lugar correcto en el que pueda hacer un bien para la humanidad y para Ti. Que se abran las puertas y si no ponme límites y llévame por otro camino". En momentos como ese era tan fácil ver las cosas claro, cómo Él me iba llevando por el camino correcto, ya que todo se facilitaba.

Agradecí a mi maestro anterior por todo su conocimiento y su aprendizaje, dándole la sorpresa de que mis hijos estaban tomando ya un taller y que por el tiempo y el horario que tenía que cubrir para poderlo pagarlo, ya no podría asistir a sus talleres. Ganaba poco dinero, pero mucho aprendizaje que me fortalecía y me permitía seguir creciendo espiritualmente, sobre todo una vez que mi hija terminó el taller.

Fue entonces cuando comencé a tomar un taller llamado Amo ser mujer, en el cual me confronté con mi yo interior y fortalecí a la mujer que necesitaba sanar. Después tomé otro, Prosperidad y abundancia, luego Cinco niveles de sanación emocional, y luego Máster en Medicina Alternativa.

Mientras estudiaba hacía prácticas y ya tenía pacientes a los que quería darles seguimiento porque ellos quería continuar las sesiones conmigo, pero no tenía lugar ni recursos para poner un consultorio. Veía a mis compañeros emocionados, comprando todo lo necesario para tener su propio consultorio. Hablaban de sus camillas, cuadros decorativos, entre otras cosas, e incluso de las tarjetas de presentación. Me emocionaba al escucharlos y me reconfortaba diciéndome a mí misma, "Por lo pronto terminaré mis estudios y después pensaré lo del consultorio".

Seguí practicando en mi casa y por el momento daba mis sesiones de Reiki y seguía avanzando.

Volví a pedir: "Dios Padre, guíame al lugar correcto y permíteme seguir dando mis sesiones de Reiki en un consultorio donde tenga la privacidad y la comodidad para mí y para mi paciente. Pon los medios, Padre mío, para que esto me sea concedido".

Un día un chico llamado Adán me mencionó que su mamá estaba buscando a alguien que diera talleres de Reiki. Me mencionó que el consultorio ya estaba equipado y que, si para mí era cómodo, pagaría una cantidad que me pareció genial.

Estaba contenta porque había llegado justo lo que deseaba cuando yo menos esperaba que llegar. Pero llegó, como todo lo que anteriormente había pedido. Fui a conocer el lugar y me encantó, era un lugar muy acogedor con decoración especial. Cada detalle era único.

Comencé a trabajar dando mis sesiones de Reiki. Todo iba tomando su curso y su lugar. Seguí estudiando, preparándome en biomagnetismo, biodecodificación, vio quantum, flores de Bach, aromaterapia, auriculoterapia, y ofrecía mis servicios a los pacientes. Con el tiempo ganaba experiencia y tenía más y más recomendaciones, lo cual me hacía sentir plena y tranquila. Así entendía que estaba lo correcto tanto para mí como para el paciente.

En una ocasión mi pareja actual recibió la llamada de un compañero con el que cual ya habíamos trabajado años atrás en la música. Mi pareja y yo habíamos tomado la decisión de salir del grupo anterior para dedicarle más tiempo a nuestros hijos, con el gusto de haber disfrutado esa etapa de nuestras vidas, pero con la llamada de este amigo llegó una noticia muy agradable: una invitación para asistir a una boda, yo como bailarina y él como músico, con el güiro, y como maestro de ceremonias.

Para este tiempo nuestros hijos ya habían crecido y habían hecho sus vidas. Los hijos de mi esposo estaban con su mamá y mi hijo seguía viviendo independiente con su pareja y su bebé. Mi hija todavía estaba en casa con nosotros.

La invitación era para el Hard Rock Puerto Vallarta para una boda especial en la Ventura. Fue padrísimo estar nuevamente en el escenario; regresó esa sensación de disfrutar y hacer lo que amo.

Legado

Ahí comenzó una nueva experiencia. Ahora trabajábamos en otra empresa juntos.

Una nueva oportunidad surgió cuando faltó una bailarina e invité a mi hija a que se integrara, ya que mi hija en ese entonces entrenaba en una academia de baile llamada Puerto Ritmo, reconocida porque sus alumnos eran campeones mundiales. A sus casi catorce años, invité a mi hija por primera vez a subirse a un escenario junto a mí y fue una experiencia maravillosa. No podía creer que mi compañera de baile fuera mi hija, era fascinante. Poco a poco fuimos ensayando, ya que mi hija aportaba mucho a las coreografías del grupo y parte de mi experiencia aportaba y complementaba en su momento el maestro de ceremonias. Se me otorgó el lugar de guiar a las chicas que ya existían en el grupo, chicas amables y agradables; hicimos buen equipo.

Comenzaron los ensayos y los eventos. Por lo regular, en este grupo había muchos foráneos y visitábamos varios estados. Ahora éramos los tres trabajando juntos: mi esposo, mi hija y yo; hacíamos buen equipo arriba del escenario. Era una locura mirar a mi alrededor y percatarme de que junto a mi estaban las personas que amo, me hacía sentir completamente plena. Esto nos aportó economía, seguridad, confianza y fortaleza.

Era un grupo de aproximadamente dieciséis personas llamado Ocho y Compañía, y lo disfruté por mucho tiempo.

En ese mismo tiempo me permití estudiar maquillaje. Me servía para mantener y mejorar mi imagen, y en algún momento también me sirvió para generar ingresos, ya que me permití prepararme para poder ejercer y sentirme más segura de mí misma. A mi hija le proporcioné la misma oportunidad y ella también quiso estudiar. Compartimos muy buenos momentos: era un orgullo estar en el lugar que tanto soñé y tener a mi lado a la mejor compañía, mi hija.

No podía creer que tenía a la pareja que tanto había pedido al Universo y que mis sueños estaban cumpliéndose a un lado de estas personas que disfrutaban junto conmigo. Fueron momentos maravillosos.

Mi hija, en algunas academias y agencias trabajó como modelo, participó en pasarelas de peinado y maquillaje, y me di cuenta que se estaba repitiendo lo mismo que yo había hecho en algún momento de mi vida. Aunque fue elección de ella, pues era algo que le gustaba. Al poco tiempo le empezó a interesar un poco más y más el tema de la medicina alternativa y lo holístico, y yo poco a poco le fui compartiendo mi conocimiento. Un día me dijo, "Mamá, ¿qué tan normal es que, si alguien me dé su nombre, yo pueda decirle cómo es? Sus emociones, cómo lo está pasando… sin que yo la conozca o sepa algo de su vida".

Mi cara fue de sorpresa. Volteé a verla y le contesté, "Tan normal como que es algo que le pasa a tu mamá. Aunque creí que era la única rara".

Las dos estábamos asombradas y se nos veía en la cara. Aunque había comunicación entre nosotras, nunca habíamos tocado ese tema.

"Eso es lo que me pasa a mí".

En alguna ocasión pregunté a mis maestros cómo se le llamaba a esto que yo sentía y una maestra, que me ayudó muchísimo también a darme cuenta de que este era mi camino, me dijo, "Eres canalizadora y los canalizadores perciben a distancia las emociones de los demás con simplemente tocar su mano o tener su fecha de nacimiento o su nombre completo, incluso solamente con observar una fotografía".

Cuando le conté esto a mi hija, se quedó asombrada porque no sabía que ella podía hacer lo mismo. Interesada en el tema decidió prepararse y el día de hoy es una terapeuta preparada que se conecta también con los arcángeles, lee el oráculo angelical, da mensajes a sus pacientes, y utiliza la técnica del péndulo angelical y sanación con cuarzos. Sigue preparándose en metafísica y está por estudiar cursos de otras técnicas para hacerse más profesional de lo que ya es. Quiere despertar todo el conocimiento posible dentro de ella.

Actualmente trabajamos juntas y hacemos equipo con nuestros pacientes. Los pacientes están muy contentos con el resultado de los mensajes que les envía. El trabajo que realiza es a distancia y me encanta saber los beneficios que mi hija obtiene al aprender, al permitirse ser guiada y ser guía también. Estoy orgullosa de la mujer que hoy es mi hija y estoy segura de que cada vez será una mejor versión de sí misma.

Andrea es independiente, una mujer madura, aterrizada, que también me guía porque es una maestra para mí. Muchas veces me enseña otro panorama, y también me da terapias cuando yo necesito ayuda. Algunos de nuestro pacientes me escriben para decirme que es una chingona en lo que hace y me felicitan por tener la fortuna de ser su madre, algo que me emociona muchísimo.

Claro que también estoy muy orgullosa de mi hijo: a su corta edad siendo un padre muy joven, teniendo las ganas de salir adelante y ser auténtico para generarse sus propios ingresos. Ha sido un gran maestro para mí.

Gracias a las experiencias que tuve en el pasado, me di cuenta que tenía que prepararme y sanarme como mujer, como madre, para poder seguir siendo guía para mis hijos. En realidad, quien necesitaba la ayuda emocional era yo y no solamente mis hijos, yo principalmente como canal y guía de ellos. Todo tomó mejor curso cuando estaba confundida al creer que mi hijo era quien necesitaban la ayuda, y al darme cuenta que era yo la que necesitaba hacer cambios y tomar decisiones, fue ahí cuando entendí que no podemos hacer responsables a nuestros hijos de sus acciones y actitudes, y mucho menos de sus comportamientos, ya que nosotros los padres somos quienes los lastimamos, los herimos, ya sea de manera consciente o inconsciente.

Entonces mi hijo me dio la sorpresa: eligió cambiarse de ciudad para comenzar de nuevo. Preocupada por qué iban a hacer su esposa y su pequeña hija, decidí simplemente confiar en el Universo y en que mi hijo y su familia estarían tomados de la mano de mi Padre Dios, que el Universo estaba a nuestro favor.

Ellos tuvieron que comenzar en ceros, trabajando en diferentes lugares, alternándose para cuidar de mi nieta. Llegaba uno de trabajar y descansaba el otro para así poder generar ingresos y salir adelante con su pequeña hija. Tienen toda mi admiración y respeto porque es algo que quizás yo nunca me hubiese atrevido a hacer. Pero me he dado cuenta que tengo dos hijos responsables, inteligentes, maduros, independientes, que buscan su estabilidad tanto económica como emocional y que también son aventureros, que el miedo fue su mejor amigo para seguir avanzando y que hasta el día de hoy no los ha limitado para creer y crecer en ellos mismos.

Mi hijo empezó vendiendo lo que traía puesto de oro, comprando una pantalla y luego vendiéndola para comprar una moto. Esa moto la vendió para comprar otra y así fue como fue creciendo en su negocio de compra y venta de carros y motos. Siendo un joven, me ha demostrado que ha sabido aprovechar sus talentos.

En una ocasión me dijo, "Madre, gracias a ti hoy soy el mejor vendedor y comprador. Yo recuerdo de niño haberte visto caminar por las calles y secarte las lágrimas cuando tú creías que no te miraba. Yo hacía que no te sintieras triste, simplemente caminabas más rápido y yo permitía que me llevarás contigo para aprender. Salías de casa sin un peso y regresabas con dinero. Nunca te rendiste, siempre tocaste puertas y buscaste ser la mejor vendedora, la mejor líder y la mejor guía. Recuerdo los reconocimientos que te daban en la empresa de cosméticos, ese fue mi mejor ejemplo, madre, el no rendirme cuando tengo miedo y siento que ya no puedo más. Te recuerdo en mi niñez y digo, 'Si mi madre jamás se rindió y pudo darme lo necesario y hasta más, hoy yo puedo hacer lo mismo por mi familia'. Gracias, madre, por ser mi ejemplo y mi guía. Te amo".

Esas palabras me hicieron saber que lo que hice no pasó desapercibido, que cuando yo creía que mis hijos no me miraban ellos estaban observándome: lo que decía y lo que hacía.

Hoy les digo a mis hijos, "Nunca se den por vencidos, crean en sus sueños, crean en que pueden disfrutar de una buena vida, crean que son merecedores de tener salud y al mismo tiempo amor, abundancia, felicidad, riqueza, prosperidad, alegría, paz y de cumplir cada uno de sus sueños porque de verdad que todo es posible". Yo estoy orgullosa de mis hijos, Briam y Andrea, y los admiro muchísimo.

Experiencias

Sigo paso a paso: mente sana y cuerpo sano. Sigo preparándome y estudiando.

Llegó el día de mi graduación, jamás me di por vencida y terminé de estudiar y felizmente brindé por todo lo aprendido; por mis grandes maestros, la maestra Rocío, la maestra Magdalena, mi maestro Mauricio, mi maestra Maribel, gracias a ellos terminé con esa etapa. Aunque también sentí que ahí no terminaba, pues ahora tenía la oportunidad de seguir aprendiendo: este era un nuevo comienzo.

Al poco tiempo de haber salido de la escuela seguí en un consultorio nuevo, en lugar donde pasaron cosas maravillosas con cada paciente. Me gustaría compartir unas experiencias que viví:

En una ocasión me llegó un pacientito de siete años. Su madre era enfermera en el área de pediatría, en uno de los hospitales de Guadalajara. Su hijo llevaba quince días internado con temperatura. Los médicos ya le habían hecho todos los estudios habidos y por haber y no encontraban el motivo por el cual el pequeño estaba así. Por lo tanto, el niño llevaba esos quince días con medicamentos y en observación. Dado que los médicos no encontraban la razón, decidieron darlo de alta y que siguiera en observación desde su casa. Para ellos no representaba algo peligroso porque no había ningún estudio o análisis que afirmara que tuviera un problema.

La mamá, desesperada porque la temperatura no bajaba, me mencionó que una vecina cercana a mi consultorio me había recomendado. Llegó a consulta y le pedí que pasara. La fui observando como paciente. Me dijo que, como mamá, no estaba mucho tiempo con su hijo por razones de trabajo, la abuela era quien lo cuidaba. Cuando ella llegaba por su hijo, le compartía a su madre, delante del niño, las cosas que habían pasado en el hospital, cuidando a niños enfermos, preocupada y angustiada por ellos.

Al escuchar, su hijo se daba cuanta que su madre estaba compartiendo tiempo con otros niños pero no con él no. Yo percibí entonces que el niño acumulaba enojo por la falta de atención y acompañamiento por parte de su madre; el pequeño no entendía que su madre tuviera que salir a trabajar, sino que deseaba que ese cariño y atención que ella tenía con los niños del hospital fuera para él.

Cuando se lo dije a la madre, se asombró. Me aseguró que no era así, que ella le dedicaba tiempo y cariño a su hijo. Yo le dije que quizá ella no se daba cuenta, y que era normal que mostrara interés en su trabajo, sobre todo si tenía vocación, pero que el niño, al escucharla, sentía celos.

Decidí que aplicaría imanes en el cuerpo del niño con la técnica de biodecodificación y biomagnetismo para eliminar la emoción del enojo, tristeza, abandono y rechazo. Apliqué los imanes en el lugar que correspondía y realicé una técnica de biodecodificación que bloquea emociones en el niño, eliminando de su cuerpo toda preocupación y resistencia.

Terminamos la sesión y a la media hora el niño estaba bien. La mamá me marcó sorprendida, llorando, y agradecida, diciendo que era un milagro y que estaba sorprendida porque el pequeño ya no tenía síntomas. Ella no podía entender lo que yo había hecho, pero había dado resultado.

Al día siguiente el niño amaneció con sarpullido en el cuerpo, reaccionó a las emociones y a la temperatura que había tenido. La mamá me contó después, "Estuve a punto de marcarle y decirle que por qué el niño había amanecido así, pero ahora estoy sinceramente agradecida y tranquila porque el niño ya no ha tenido ningún síntoma".

A los meses la abuela me llevó un obsequio de agradecimiento porque el niño seguía mejor y no había vuelto a enfermar. Este es un testimonio que tengo guardado.

Decidí estudiar con otra maestra a la cual admiro, y podría decir que amo. Con ella fortalecí otras técnicas y otra parte de mi vida, lo cual me permitió confiar aún más en mí. Ya que tenía yo años de conocerla, incluso antes de empezar a estudiar todo este tema de la medicina alternativa, ella fue la primera persona que confió en mí y me dijo, "Déjate de ventas. Tu lugar es acá; tu misión de vida es sanar y cuando entiendas esto podrás ver los cambios y los milagros en tu vida. Mientras tanto seguirás aprendiendo de otra manera".

Cuando me lo dijo creí que quizá tenía razón, pero yo no confiaba en mí misma hasta que me di el permiso de comenzar a aprender. Me permití estudiar con las anteriores maestras porque las cosas así se fueron dando y así se fueron acomodando, pero ella llegó nuevamente a mi vida, pidiendo ayuda por un tema personal de salud.

Me comentó que tenía que cuidar más mi energía, ya que los entes y los demonios existen, y que esto de realizar Reiki nos expone a compartir parte de nuestra energía con los pacientes, y por ende a que ellos compartan energía conmigo. Yo le dije, "¿Pero qué nos puede hacer una energía fuera de este mundo?", pero para mi sorpresa tuve una situación muy desagradable.

Atendía a una paciente a la que le habían hecho brujería. Yo no me dedico a deshacer brujería, yo me dedico a alinear chacras y a elevar la energía de los pacientes para desbloquear las emociones; les enseño a auto sanarse para que salgan de la situación en la que se encuentran. Al terminar de atender a esta paciente ella me dijo que se sentía muy bien después de que la atendí, que regresaría, que era la primera vez después de mucho tiempo que buscaba a personas que le ayudaban; se sentía como si hubiera regresado a la vida. Para esto yo comencé a sentirme mal, como muy débil, sin fuerzas, con mucho sueño. Llegué a mi casa y dormí profundamente, pero tenía una sensación rara.

Al día siguiente mi esposo y mi hijastro mayor me invitaron a un paseo para hacer ejercicio y bajar por la Barranca de Huentitán acá en Guadalajara, Jalisco. Era de tarde y ya íbamos de bajada. Estando arriba, yo tuve una sensación muy rara que alertaba a mi cuerpo de que algo pasaba. Creyendo en mi intuición, pude escucharlo, y me decía, "Sal de aquí, es momento de que salgas de aquí, ya no puedes estar más aquí".

Les compartí esto a mi esposo y a mi hijastro y ellos, dando importancia a lo que les decía, me guiaron para sacarme de lo profundo de la barranca. Pero al estar a punto de llegar al final, comencé a sentirme aún más rara, básicamente sin fuerzas. A unos metros podíamos tomar un camión, así que hicimos el esfuerzo de llegar. Mi esposo me acompañó y mi hijastro se despidió de nosotros para volver a su casa, con sus hijos.

Ya en el camión comencé a sentir una sensación rara en todo el cuerpo, como si estuviera perdiendo el control de mí misma. Mi esposo tuvo que bajarme del camión y al bajarme colapsé, como si tuviera un tipo de compulsión.

Mi esposo tuvo que llamar a la ambulancia y la ambulancia nunca llegó.

Sé acercaron personas para apoyarnos y una de ellas nos llevó en su coche, junto con su familia, a la Cruz Verde. Ahí me atendieron, me pusieron oxígeno y estuve seis horas en observación. Le pedí a mi esposo que pidiera ayuda a algunos maestros que podían realizarme Reiki, entre ellos a mi compañero y amigo José Hernández y a mi maestra Lulú Corral, a Maribel Venegas y a Mauricio Acevedo, también a una amiga llamada Betty. Todos asistieron a distancia, apoyándome energéticamente.

Mi compañero José Hernández estuvo muy al pendiente, de la mano de mi esposo, tranquilizándolo. Durante los veintisiete días que estuve en cama, mi compañero José fue mi médico energético de cabecera, jamás nos soltó, y lo mismo pasó con mi maestra Lulú Corral.

Me dejaron salir con medicamento. Los médicos explicaban que parte del nervio vago se me había inflamado, y tenía mucha lógica, pero yo seguía sintiendo algo raro en el corazón, algo que no sabía cómo explicar. Quizá para los médicos era normal lo que estaba sintiendo y la explicación que ellos me daban, así que pasé la noche con ese medicamento, pero no podía dormir. Cerraba los ojos y veía a un ser horrible, era como si se manifestara de frente a mí con un rostro deforme que me daba miedo.

El primero en confirmarme lo que yo veía sin que yo se lo hubiera contado fue mi compañero José, el cual me aseguró que era un demonio nivel 9. Explicaba que estaba teniendo un ataque y que era algo muy delicado. Lo que él me decía y lo que yo sentía coincidía. Había dentro de mí una lucha interna y yo buscaba trabajar con los siete arcángeles y pedirles que me ayudaran a que esta energía saliera de mi cuerpo porque sabía que algo estaba mal.

Mi compañero José pidió ayuda a personas de España, Venezuela, y a otros terapeutas que él conocía y eran de su confianza. Juntos me terapeaban a distancia sin saber uno del otro, o lo que estaba pasando. José le compartió a mi esposo los audios de todas las indicaciones y de lo que cada uno de los terapeutas describía que estaba pasando conmigo: todos coincidían. Era como estar en una película de terror.

Yo seguía sintiéndome mal, a ratos bien y a otros regresaba la sensación en mi corazón. Todos hacían lo posible por sanarme de una manera humana y sin ningún costo, algo que agradezco infinitamente: tenerlos en mi camino fue como estar con ángeles terrenales.

Entre las oraciones y un círculo de fuego que una de las terapeutas indicó a mi marido que realizara, comenzaron a escucharse risas de niños y cosas raras empezaron a pasar, como cosas que se caían. Mi esposo estaba aterrado, a él nunca le había tocado vivir una experiencia así. Hasta él ahora puede decir que antes estas cosas eran algo de lo que se burlaba, pero al verlo se dio cuenta de que es real. Estaba muy asustado, y sin embargo buscaba seguir ayudándome y nunca me abandonó.

También me asistió una amiga médico llamada Rosi. Me tuvo tres días en observación durante cinco horas aproximadamente. Para ella, médico, no eran normales mis síntomas. Creía que había algo raro en mí e incluso me percibía como si no fuera yo, como si mi mirada estuviera perdida, como si alguien estuviera dentro de mí y yo estuviera perdiendo mi esencia. Varias veces me preguntó si creía en las energías.

Con su apoyo y el de mi esposo, empecé a sentirme mucho mejor, pero aun entonces yo no estaba al 100%, algo hacía falta. Mi esposo me dio su cariño y su apoyo e incluso tuvo que dejar de trabajar para cuidarme noche y día. Lo escuchaba llorar en la cama, pidiéndole a Dios por mi sanación.

Mi esposo había recibido indicaciones de varios terapeutas de procedimientos para hacerme sentir mejor. Rezaba, me cantaba, se inclinaba ante mí, y en una ocasión, estando todavía en cama, comencé a sentir una cercanía y una conexión única con él, algo que jamás me había pasado. Pude ver con los ojos cerrados todo lo que él estaba haciendo de parte de mis ancestros; cómo juntos en canto a la luna le dedicaban... algo... No tengo las palabras indicadas para expresar lo que vi, pero me sentí segura en ese lugar, sabía que estaba con mi clan y en ese momento escuché que me decían, "Cúbrete la espalda, cúbrete la espalda".

Cuando abrí los ojos y miré a mi esposo, él me dijo, "Pude ver a tus ancestros. Te vi sentada con ellos bajo la luna, alrededor de una fogata. Vi cómo eres parte de ellos y me dijeron que te cubrieras la espalda, que tuvieras protección".

Se me llenaron los ojos de lágrimas. Lo abracé, lo besé, mientras le repetía, "Mi amor, estabas ahí, estábamos conectados. Quizás no te diste cuenta pero estamos en la misma tribu, no lo sé, algo de locos... sé que esto que estoy diciendo quizá te suene raro, a mí me suena raro, ja, ja, ja..." Pero de verdad estaba pasando porque no solamente yo lo podía percibir sino también mi esposo y sentía que éramos dos raros hablando del mismo tema y podíamos entendernos.

Agradecí a mi esposo y esa noche pudimos dormir muy tranquilos.

Al día siguiente recibí la visita de mi amiga hermosa Tonancy Velazquez, mi hermana terrenal, con su pareja. Ella estaba recién operada y su pareja también, ambos habían tenido cirugía. Agradecí muchísimo que aun así me visitaran, porque fueron las únicas personas que se acercaron a mi casa a apoyarnos a mí y a mi esposo, claro, incluyendo a mis padres y a mis hijos.

Para esto comencé a sentirme muy mal, al grado de que tuve que pedir ayuda y mi amiga y a mis padres, que estaban en esa misma reunión, y mi esposo. Me llevaron al Hospital Civil.

Llegué muy mal. Los doctores, al verme y tomarme el pulso, decidieron desnudarme y ponerme en el electrocardiograma en ese mismo instante porque estaba a punto de tener un paro cardíaco. Estaba muy asustada, me sentía muy mal... y segundos después volví a la normalidad. Los doctores que estaban con nosotros se voltearon a ver entre ellos, no lo podían creer, decían que era algo anormal que un paciente con problemas de ritmo cardiaco, propenso a un paro cardíaco, se aliviara sin razón. Pero los estudios también arrojaron que todo estaba normal y mi pulso comenzó a regularizarse.

Un médico se acercó y me dijo, "¿Sabes? Yo creo en muchas cosas y hoy, en este lugar, pasó algo. Esto es lo más raro que he visto en el tiempo que tengo de dar servicio aquí. Tú estás bien pero algo hay dentro de ti que no es normal".

Miré al doctor y luego a las enfermeras, que asintieron con la cabeza. Me preguntaron si yo tenía problemas de violencia con mi esposo, que si quería incluso podían ayudarme a demandarlo y yo, muy tranquila y plenamente feliz, les dije, "Al contrario, él está cuidándome todo el tiempo".

La enfermera que me estaba tomando los datos entonces me dijo, "Pues hay que hacer caso al médico y de verdad hay que creer en todo y en nada. Podrías buscar a alguna persona que te ayude con eso de las energías para ver si no tienes un ente pegado. Aunque tú no lo creas, yo sí lo creo, y podrás juzgarme de loca porque soy enfermera, pero de verdad busca otras alternativas porque esto no es normal".

Encontramos afuera a mi amiga, a su pareja, y a mis padres, que estaban esperando con una cara de preocupación. Les sonreí, al fin podía respirar de nuevo. Mi marido, buscando la forma de complacerme, sugirió que fuéramos todos a comer un helado a las famosas nieves del Parque Alcalde. Sirven de esos raspados que sientes que te devuelve a la infancia; mis padres siempre me llevaban ahí.

Conversamos amenamente. Ellos querían hacerme sentir tranquila y feliz, pasar un momento reconfortándonos en familia.

Corazón

Pasaron dos días y volvía a sentirme rara. Ya no podía: sentía mucho frío en el cuerpo, me dolía el corazón, tenía la sensación de que se me congelaba desde adentro. Pero recibí un mensaje de mi maestra Lulú Corral que me avisaba que había estado checando de nuevo mi energía y algo en ella no cuadraba.

"Checándote, pude percibir que atendiste a una persona sobre la cual se había hecho un trabajo de brujería muy fuerte. Esta persona bajó tu energía y de esta manera estuviste vulnerable a un ataque de este demonio. Este demonio se aloja en tu corazón.

"Han trabajado muchos seres de luz en ti, logrando mantenerte con vida y en este mundo terrenal, pero este demonio sigue habitándote. ¿Te gustaría que te ayudara?", me dijo Lulú.

De inmediato yo le dije que sí: era justamente lo que necesitaba, que alguien se diera cuenta de qué era exactamente lo que me estaba pasando.

En cuestión de veinte minutos realizó una de sus técnicas de sanación. Conmigo recostada en la cama, expulsó al ente inmediatamente. Comencé a sentirme cambiada, volvió el calor a mí. Antes no podía ni caminar, pero salí caminando, sonriendo, era otra y mi mirada también. Me sentía ligera: ya no había nada dentro de mí. Desde ese entonces no he vuelto a sentir ese frío.

Lulú me recomendó tatuarme, algo que nunca había hecho en mi vida, un símbolo de protección. Y yo le hice caso. Ahora creo plenamente en este tipo de energías y por eso estoy protegida.

Mi gran amigo José también me ayudó, me reconfortó. Él también me llegó a sacar de algunas crisis cuando recaía por el miedo que me daba volver a pasar por algo así. Gracias a estos dos maestros, y a los involucrados, pude fortalecerme, sentir nuevamente que tenía una oportunidad. Gracias a ellos estoy y puedo compartir mi historia.

Estoy tranquila, bendecida. Tengo junto a mí a ángeles terrenales y guías a los cuales honro y bendigo. Así como a mi esposo, Francisco, quien aportó amor, cariño, tiempo, paciencia, fortaleza y cuidados.

Te amo y bendigo, gracias por estar conmigo.

Presente

Después de esta experiencia decidí seguir estudiando y aprendiendo para dar una mejor atención a cada paciente, y en especial saber cómo cuidar de mi energía, ya que esta experiencia me dejó un gran aprendizaje.

Ahora valoro más mi vida y hoy puedo decirte que disfruto cada día. Trato de no permitirme perder el tiempo discutiendo o enojada; estoy convencida que la vida es aquí y ahora, y hay que aprender a disfrutarla.

Estudié péndulo angelical, tarot angelical, sanación del círculo de mujeres, y en cada una de estas prácticas sé que el amor al otro nos puede sanar; si el otro está mal, yo estoy mal.

Hoy me doy cuenta que todas las personas que han llegado a mi vida han sido grandes maestros, cada uno me ha enseñado a ser quién soy. Gracias a la vida del padre de mis hijos porque me enseñó a amarme, a valorarme, a respetarme, a cuidarme, y a soltar. Tanto amigos como amigas han fortalecido mi ser con el suyo, con su alma y su cariño. Cada persona que me he encontrado ha contribuido a lo que soy. Les agradezco infinitamente.

Actualmente tengo un consultorio en Guadalajara, bendito Dios. Tengo muchísimos pacientes, todos recomendados, y cada uno en su momento me va compartiendo su testimonio de lo que logramos juntos. También estoy estudiando para ser terapeuta en hipnosis eriksoniana y esta será una nueva etapa de mi vida.

Agradezco a la vida por tantas experiencias; agradezco por la vida de mis hijos y de mis nietos; agradezco la vida de mi pareja; agradezco la vida de mis padres. Soy afortunada de tenerlos.

Mis padres ahora también reciben terapias en las mismas técnicas que utilizo. Han tenido grandes resultados.

En una ocasión mi papá se sentía muy mal y lo llevé al médico. Le revisaron la glucosa y estaba lo más elevada que se puede registrar. El médico lo volteó a ver y le dijo, "¿Cómo es que usted está de pie? ¡Es un registro altísimo!"

Yo me asusté muchísimo y le comenté al doctor que yo era médico en medicina alternativa y que pues en ese momento le iba a poner un par de imanes, con su permiso, para empezar a decodificar las emociones que podían haber llevado a mi papá a esa crisis.

El médico me dio total luz verde y me avisó que mientras tanto él haría lo suyo. Llevé a mi padre a mi casa, lo puse en la camilla, le puse imanes, trabajé la biodecodificación y en cuestión de una hora mi papá ya estaba en 230 de glucosa. Obviamente aún no estaba del todo bien, pero era mucho menos que antes.

Desde ese entonces me permitió seguir dándole terapia, ya fuera a distancia o presencial, porque él quería estar bien. Conforme fueron pasando los días su glucosa regresó a la normalidad.

En el caso de mi madre, sin tener un diagnóstico claro, ella ha estado con un padecimiento mental a causa del cual parece no estar aquí, pero con el Reiki y la bio-decodificación, biomagnetismo y flores de Bach, he podido aportar para que ella esté más presente y que pueda disfrutar de una mejor calidad de vida. Ahora conversa cada día más, sonríe y su mirada ya no está perdida. Esto me motiva a seguir aprendiendo y disfrutando de este proceso.

Mi vida hoy es más placentera, abundante, ¡me siento feliz, me siento plena!, y sé que este libro aportará conciencia de amor propio y acompañará a quién necesita que le tomen de la mano. Mi historia es mi propósito: la pasada, la presente y la futura.

Con este libro siembro una semilla de amor y de esperanza para quien se identifique conmigo.

Quiero que sepas que puedes creer en ti misma/o, que tu vida puede cambiar. Hoy, con amor y respeto a tu alma, te dejo este pedazo de mí.

Acerca de Araceli Olmos

¡Encuéntrame en mis redes sociales!

Facebook:
El Poder De La Autosanacion

Teléfono:
33-3498-5516

www.ingramcontent.com/pod-product-compliance
Lightning Source LLC
Chambersburg PA
CBHW052137090426

42741CB00009B/2118